.com世代的生活便利情報指南

跟著943
超值玩日本

獨家秘密踩點，直擊隱藏美食，
達人才知道的在地情報，不只超值，更要夠酷！

出發吧！在地又超值的日本小旅行

　　日本是個可以從年輕玩到老、重複造訪也不會膩的好地方，如果沒有日本朋友帶你遊日本，沒關係！943幫你找到日本各地達人朋友推薦的景點，還幫大家嚴選過濾出最好吃好玩的，不用在日文網站中大海撈針，也不必上網找資料，一樣能玩最原汁原味、最新最夯的景點，讓你玩得好道地、好深入、好省錢！943深信，深度的旅行往往也頗為省錢，體驗當地人的生活不但可以延伸深度旅遊的觸角，更是節省旅費的好方法。因為在地人天天消費的小店，自然不會只是花錢吃氣氛又不划算的地方。搭當地的交通工具，例如和當地人一起搭乘當地的古董路面電車或巴士，不但只需花小錢，而且無論在地氣息和懷舊氛圍都滿點。還有在地人才知道的巷弄內小吃，本書收錄的美食中，有許多可是連外地的日本人都不知道的私房好店呢！

　　到處都是日本遊記，不知道如何選擇和篩選嗎？如果您不想老是去那幾家總是塞滿台灣人或香港人的日本店家，那麼歡迎參考這本書吧！本書的行程都是請當地的日本玩家朋友精選深度文化的景點，有許多都是目前還很少台灣人知道的私房旅點，其中還有許多是只有在地人才知道的最新酷點，行程建議也是經過交通精算及各種因素考量過的順路路線，可以直接照著路線建議走。943認為用當地人的生活方式旅行，吃住交通都原汁原味，是輕鬆省錢的好方法，這本書就是您在日本各地的新朋友，來趟在地又超值的日本小旅行吧！

——943

CONTENTS

跟著943
超值玩日本

大自然及野生動物的天堂：道東

Chapter 3 從東京跳點飛新潟

全家輕鬆泡湯趣：箱根

魚米之鄉：新潟

Chapter 4 從名古屋延伸金澤

二手買物天堂：名古屋

小京都：金澤

Chapter 5 從大阪延伸至三重縣

美食之都：大阪

緊鄰奈良的好地方：三重縣

省錢遊日本必知訣竅

去日本旅行只要比價便宜機票住宿就夠了嗎？
不夠不夠，還有很多小撇步可以讓你從交通、住宿到餐費統統都能省，
還可以上網下載各家餐廳折價券，
東省西省，說不定馬上就省下下一趟飛日本的機票囉！

圖片提供：富士急飯店

1.善用廉航跳點省交通費

943從近十年前撰寫第一本書時，就開始呼籲大家要利用日本廉價航空來節省交通費。除了搭廉航直飛東京、大阪、名古屋、福岡、沖繩、北海道外，利用日本國內線特價機票跳點是越來越多人嘗試的新趨勢。以成田為據點的話，可以不用換機場，東京的入關人潮也沒有大阪關西那麼多，非常適合跳點旅行。

2.善用Pass省交通費

利用外國人專用的JR Pass周遊券也是不錯的方式，例如近年新發售從東京玩到札幌的「JR東日本‧南北海道 JR Pass」，十四天內任選六天只要八千多台幣就可以玩遍札幌、小樽、函館、青森、仙台、山形、秋田、越後湯澤、日光、輕井澤、成田機場、羽田機場、東京、伊豆、熱海……可以分段買廉航，來個札幌進、東京出。

3.善用比價網站找超值住宿／餐廳／景點／機票／機加酒

　　很多人想要自助行卻沒時間比價和研究評價，上網使用比價網站找尋評價與價格最優的選擇，可以省下不少時間喔！tripadvisor網站彙整了世界各大城市飯店、餐廳與景點的評價排名與價格，Expedia則有機票、住宿和機加酒。只要輸入打算住宿的日期，就可以查到最超值的方案。例如想去東京旅行，只要在網站上選擇「東京」，再選擇「東京飯店」，先以「最低價格」排序，再從自己能接受的價格範圍（例如每晚一至兩千台幣）中挑選評價最高的飯店。

　　943每次用這個方法，都可以找到評價高又不貴的超值機票、住宿、機加酒，不用再像以前那樣得用Google搜尋半天網友的推薦。因為Expedia及tripadvisor上的評價來自世界各國的住客，不但開放住客上傳自己拍攝的飯店房間照片，加速搜尋的便利性，tripadvisor還會每年選出評價和C/P值都很高的飯店標示「卓越獎」等獎項，以943入住的經驗，通常都有一定的品質。

　　餐廳和景點也是如此，還有地圖的功能，只要挑選前幾名的景點和周遭的餐廳，很快就能排好行程。

4.善用返利折扣

　　訂房、訂機票除了比價之外，還可考慮使用促銷碼及返利折扣省更多「返利」（Cashback），它是國外很盛行的省錢方法，在英美已行之有年，原理是由返利網站取代旅行社的角色，將飯店原本要給旅行社10%的佣金，回饋給加入會員的訂房消費者。例如××飯店原本要給旅行社10%的佣金，轉變成「直接把售價10%退給消費者」，吸引想要享有9折優惠的消費者。

　　返利網站則通過飯店／航空公司／購物網站投放廣告而獲取收益，算是網上購物／預訂住宿最省錢的方式之一。對企業而言，也是更多元的促銷管道。

每隔一段時間，943都會在粉絲團中分享全世界各大訂房網站、飯店集團、航空公司等提供的返利折扣，例如Booking.com和希爾頓酒店可打9.1折到9.2折，是可以考慮的折扣方式。

> https://www.topcashback.cn
> 使用步驟教學：http://blog.xuite.net/iq943/ez37/15187792
> https://www.shopback.com.tw
> 使用步驟教學：http://blog.xuite.net/iq943/ez37/527192132

5.下載日本餐廳折價券

去日本旅行想找美食，永遠只能搜尋到台灣觀光客很多的那幾家店嗎？有沒有日本人覺得好吃的隱藏版美食？此時就要從日本網站找啦！943在日本吃了不少美食，深深覺得如果使用日本的網站，比較能找到許多中文網站上沒提過的好康，例如最重要的折價券！

943找日本餐廳都是用tabelog和retty找評價，不過這兩個網站或app都沒有中文化，通常沒有送折價券（tabelog要付費加入白金會員才有折價券），所以可搭配gurunavi的app。除了用地點、料理種類、預算、日期等條件搜尋外，還有個選項是「有coupon券的餐廳」。

日本餐廳大部分的折價券有幾種形式：飲料贈送券、加送一道菜、打折、消費多少錢即可無限暢飲……等，最好留意使用期限和使用規定，大多是擇一使用。943建議點餐時就要先出示折價券喔！如果到了結帳才說，也許不一定能成功，切記。

6.日本免費上網攻略

為了讓遊客使用網路更加便利，日本在各大人潮聚集處都加強了免費wifi熱點的設置，有些熱點在車站、便利商店、百貨公司，有些則是下載app或免費申請密碼後即可使用。如果不想花錢辦日本wifi機或sim卡，各定點的免費wifi都能湊和著使用。

免費下載App：Japan Connected-free Wi-Fi

這個App整合了日本各地區的免費wifi，例如大阪的Osaka Free Wifi、京都的Kyoto Free Wifi、廣島的Hiroshima Free Wifi、福岡的Fukuoka Free Wifi，以及沖繩的KOZA Free Wifi等系統，下載app後，即可在各大商場、便利商店、大眾運輸車站等十三萬個免費熱點使用以上各地區無線網路，不必一一註冊登錄。註冊app時，只要簡單填寫英文姓名、電子郵件、性別、年齡等資訊即可。

另外，也可以下載NTT東日本的App：NAVITIME for Japan Travel，取得免費帳號及密碼後，再登入Japan Connected-free Wi-Fi 連續使用NTT東日本的wifi十四天。

網站：www.ntt-bp.net/jcfw/tw.html

免費下載App: Travel Japan Wi-Fi

　　另一個整合日本2萬個免費熱點的app，也是可以連續免費使用十四天，還可使用App搜尋所在地附近連鎖藥妝店的5~8%折扣券喔！

　　網站：wi2.co.jp/tjw/china_hantai.html

註冊FREESPOT

　　如果在各大飯店大廳及咖啡店的桌上看到FREESPOT的牌子，就表示有免費wifi熱點，只要打開手機wifi，連上FREESPOT，以guest登入即可免費使用15分鐘，一天內可登入四次。或是通過電子郵件認證後，即可在六個月內無限次使用。

各公共場所的免費wifi

　　日本的各大機場、JR車站、便利商店、速食店、星巴克等，幾乎都有免費wifi，只要看到免費無線網路的貼紙，都可以試著連連看喔！

7.免費使用機場貴賓室

　　想要免費使用日本機場貴賓室，最簡單的方式是出示JCB白金卡等以上信用卡（例如尊緻卡、極緻卡、晶緻卡等）和當天的登機證或機票，不用消費，也不需用JCB買機票，就可以免費進入JCB特約的日本各大機場貴賓室。但JCB貴賓室的設備比較簡單，只有飲料無限暢飲、wifi、書報等。

　　不少遊客也會選擇摩爾或環亞貴賓室。摩爾貴賓室除了wifi、書報外，還有輕食和飲料吃到飽。環亞貴賓室則有熱餐及飲料buffet，大多還有淋浴間可以洗澡，若搭紅眼航班時很好用。進入環亞貴賓室可用PP卡，但是大部分的信用卡都需要消費滿一定額度才能免費提供PP卡，或是要交年費。

8.遊日好用App

快搜日本人氣美食tabelog

　　不想再只去擠滿台灣人的日本餐廳了嗎？想知道當地人才知道的巷子內人氣美食，就要用日本人用的美食評價App，可以用各城市、美食種類、評分排序來找尋心目中想要的人氣餐廳。若在當地打開手機定位功能，也可以馬上搜尋到方圓百里的各種飲食店。可上官網參考，ios的用戶則需要以日本帳號才能下載。

　　http://tabelog.com

可下載美食折價券的gurunavi

　　如果不熟悉日文的朋友，使用上述的tabelog會有點困難，那麼可以用有中文界面的gurunavi，其中還有一個功能是搜尋有中文菜單的店家呢！不過gurunavi最重要的長處還是可以搜尋美食折價券，943就曾以此App搜尋到人氣頗優的沖繩餐廳，並以手機出示折價券，果然以八折的價格成功吃到令人滿意的當地美食。要提醒大家的是，點餐時就要出示折價券囉！如果結帳時才說，不一定能成功，切記切記。

　　https://gurunavi.com/zh-hant/

百圓店搜尋器——100均map（已併入「ロケマス」APP）

　　多年前943為了找尋東京百圓店，曾在網路上瘋狂搜尋各家百圓店公司官網，在沒有Google map的時代真是搜尋得好辛苦。但現在有了App的「100均map」，比Google map還好用，只要人在當地打開手機定位功能，就可以告訴你周遭何處有百圓店，包括大創、Seria、

CanDo等品牌，都可以導航到店家，百圓店迷必備！

https://www.locationsmart.org/

掃描條碼馬上比價——日本購物掃一掃

想買日本藥妝或零食等商品，只能逛到鐵腿人力比價嗎？其實現在有個好用的App，一掃商品條碼，馬上就能幫你比價！還可以搜尋周遭哪個店舖有賣！還有中文商品資訊及換算為台幣的價格。另外也有一個類似功能的App叫做Payke，不過網友評分的分數沒有這個高，資訊也沒有那麼多。

比價神器——價格.com

到日本血拼前可以先上網比價，「kakaku.com」日本各種商品只要掃描條碼就可以比價，如果手邊沒有商品，也可以搜尋關鍵字，再用價格排序。這個App主要是日本的網路商店比價，所以記得要勾選「使用信用卡」的選項喔！

有日本客服專人回覆各種問題的tripla-chat & reserve

2017年新發布了一款App是有日本客服專門用中文回覆各種問題喔！還可以幫忙預訂餐廳和租車，有點像白金秘書吧！實際測試大約要半個小時到一個鐘頭才能得到回覆，不過也是一個可行的選項。另外這個App也有預約餐廳和租車的功能，用指頭按一按就可以預訂。

https://play.google.com/store/apps/details?id=me.umami.concierge

圖片提供：富士急飯店

乘換案內

用App搜尋日本各電車路線和價格,可以用「乘換案內」,只要輸入起訖點的英文拼音或漢字,就可以馬上顯示轉乘方法,以及所需時間、轉乘路線、時間表、月台和票價等資訊。搜尋結果再以「早」、「安」、「樂」排序。「早」代表時間最快的路線,「安」代表費用最便宜的路線,「樂」代表轉乘次數最少的路線。

各國語言翻譯——VoiceTra

下載了各種翻譯App後,最後我只留了VoiceTra這個App,因為它支援31國語言,就連緬甸語都可以輕鬆翻成中文或中文翻成各種語言。可以用文字輸入中文顯示外文,也可以直接說一整句中文讓App顯示外文的文字和語音,外國人對自己的手機說完一句,馬上就可以聽到中文的翻譯。943建議慢慢的說,比較不容易出錯。但是這個App簡體中文的翻譯語言比繁體中文多,繁體中文只有文字的翻譯,目前沒有語音對譯的功能。

9.旅遊不便險

除了另外加保不便險可領現金理賠外,買機票時刷卡也會送旅遊不便險,若遇上颱風等天災班機延誤或行李遺失等狀況,造成住宿交通等費用的額外支出,就可以用刷機票送的不便險憑消費單據實報實銷申請理賠喔!

10.善用JCB卡賺取優惠

常去日本的遊客,943很建議去辦一張JCB卡,不用消費也可以擁有各種優惠。不只是在國內搭高鐵或捷運有好康,在日本還可免費兌換部分機場巴士票、藥妝店或免稅店折扣,還可以免費登上東京鐵塔等觀景台。像藥妝店如松本清、麒麟堂、札幌藥粧、SUNDRUG、鶴羽藥

妝、Cocokara Fine、BIC DRUG等都有免稅以外3~5%的折扣,購買關
西鐵路周遊券也有9折優惠,此外去韓國、東南亞、歐美等地也有類似
的優惠。

11.用銅板價吃飽

　　其實只花一萬元遊日本不是太難的事情,943就做過好幾次,除了
買廉航來回含稅3千元機票和超值住宿外,就是靠松屋、C&C咖哩飯之
類的平價餐館,只要日幣三百多起跳就能填飽肚子。

　　日本還有很多平價便當店,只花銅板價就能吃到色香味俱全的美
食,例如平價連鎖定食店やよい軒關係企業的Hotto Motto便當店就很高
人氣,大多是現點現做,在全日本各縣市有兩千多家分店,含稅350日
圓起就有親子丼、咖哩飯、可樂餅便當等菜色,吃過幾款都滿好吃又新鮮。

Chapter 2
從**札幌**延伸**道東**

北海道不只札幌周遭有趣,近年漸漸熱門起來的道東,
正是因為原始自然景緻和野生動物非常吸引人,
而成為北海道最新人氣的焦點,從札幌延伸到道東也是不錯的路線。

札幌路線建議

一、支笏湖、洞爺湖可順路一日遊。

二、Royce巧克力專賣店有免費咖啡供應。

三、當別町有離札幌最近的冰旅館，可免費參觀。

前進北海道的交通方式

一、搭廉航跳點飛：可考慮捷星、香草這兩家常特價日本國內線特價的日本廉航，從東京成田、名古屋、大阪飛札幌，如果台日線和日本國內線都搶到最低價，來回含稅5千NT可搞定台北到札幌。

二、外國人才能買的日本國內線超低價機加酒：從沖繩或日本其他機場飛札幌或北海道其他機場，最低4千台幣含稅含一晚住宿，加上台北沖繩或台日線廉航特價含稅3千，最低價錢全程7千可從台北飛札幌，詳細教學請見：http://blog.xuite.net/iq943/ez37/318851389

三、台灣直飛北海道的廉價航空：例如酷航和樂桃。有時淡季如十一月份出發的機票，特價會低至來回含稅四千至七千元。

四、JR東日本‧南北海道 JR Pass：可從東京玩到札幌，14天內任選6天只要八千多元。

北海道境內的大眾運輸方式

一、JR PASS：例如「北海道PASS」、「JR東日本‧南北海道 JR Pass」等就可以自由搭乘北海道的JR鐵道。

二、東北海道周遊巴士：可連結札幌、道東包含釧路、層雲峽、知床，甚至可達十勝、帶廣，以及範圍內的機場及車站。

三、定期觀光一日遊巴士：以札幌為中心有三家定期觀光巴士可去近郊各風景區。例如北海道中央巴士、北都交通、HOT巴士都有許多觀光巴士一日遊行程，其中包括前往支笏湖及洞爺湖的路線，車掌會用日文介紹，但中央巴士的耳機也有中文語音導覽，一個人也能報名參加，適合自由行的遊客。

網站：www.teikan.chuo-bus.co.jp/tw/cms/course

四、各大城間巴士：例如連結札幌到釧路、函館等地的北海道中央巴士，還有道北的宗谷巴士、道北巴士等。

✈ 北海道人氣首站：札幌＆近郊

　　札幌是北海道第一大城市，也是進出北海道的門戶。棋盤式的城市規劃井然有序，街道上百貨公司、餐飲店林立，繁華不輸給東京，冬天璀璨的燈景更是讓943至今難忘。從札幌出發，車程不到一小時，就可以體驗北國的天然美景。

日本最北不凍湖：支笏湖

　　從札幌往南開車約一小時，即可抵達惠庭山旁的支笏湖國家公園，這是距離札幌最近的國家公園。支笏湖也是日本最北端的不凍湖，湖水的清澈度和深度都是首屈一指，四周霧氣繚繞，此處的溫泉有「美人之湯」的盛名。

四季都好好拍的洞爺湖

　　相較於支笏湖，在洞爺湖畔看到蔚藍的湖光山色，機率大多了。尤其湖中幾座可愛的圓錐形小山，更是增添攝影之美的要角。洞爺湖畔有不少溫泉旅館，夏季晚上有煙火秀可看，附近的昭和新山是1943年火山噴發時才成形的新山丘，仍在冒出白煙中。若登上有珠山纜車，更可俯瞰洞爺湖及昭和新山的美景。

離札幌最近的冰旅館 ice hotel

雪祭前後來到札幌，免費參觀的ice hotel是個不錯
的選擇喔！它只有冬季才開張，展期比雪祭還長。這間
距離札幌不遠的冰旅館，位於然別湖，比二世谷的還容
易到達。

由於新開幕的緣故，很少有台灣媒體報導，但當地
人可是大推！冰旅館一整排共四間冰屋，很有愛斯基摩
人的氛圍。每一間客房的擺設都不太一樣，從屋頂、牆
壁到地板全都是冰塊做的。施工方式是先把支架做好，
再把冰塊一塊一塊疊上去。冰屋內部從大門和床舖都用
毛皮鋪設而成，躺上去還是覺得十分冰涼，建議免費參
觀就好，就別花錢入住了。

此外有空的話不妨到隔壁的冰酒吧用冰塊做成的酒
杯啜飲雞尾酒，小酌一番！冰旅館後方有個夏日才開放
的瑞典山丘（Sweden Hill）是位在札幌近郊當別町的
的高爾夫球場，由於有位瑞典駐日外交官覺得此處的景

緻很像他在瑞典的家鄉，退休後定居在此，所以命名為
Sweden Hill。冬天景緻很美，遊客可以騎著雪上摩托車
四處逛逛，欣賞超像明信片的無敵美景，就連雪地上騎
過的線條也好美啊！

機場巴士門口直達：札幌王子飯店

　　冬天下雪的季節裡，最討厭的就是拖著行李在雪地
行走時不小心迷路了。即使住得離車站再近都得走上幾
分鐘，如能住在機場巴士站旁，一下車就可火速進入飯
店，實在很吸引人。雖然晚上到札幌王子的機場巴士一
小時只有一班，不過仔細計算時間，還是划得來的。

　　王子系列飯店的風格頗為一致，都是佈置典雅、高
樓房有很棒的視野。一早起床打開窗簾可以看到建築
物就像灑上糖粉一般的美麗雪景，還有鏟雪車在辛勤工
作著。

> **雪地行走注意！**
> **省下買雪靴的錢的好方法**
>
> 穿普通的鞋子到北海道小心滑
> 倒！但不需要特別花錢買雪靴
> 或訂作鞋底，只要買一種套在
> 鞋子上的強力止滑墊橡皮筋，
> 套在自己的鞋子上就可以了！
> 這個止滑墊真的很有用，在冰
> 上怎麼踩都不會滑，但要小心
> 套緊，一旦脫落很容易滑倒。
> 簡易版的在超商和唐吉軻德，
> 或台灣的登山用品店購得，
> 在台灣買便宜很多，百元就能
> 搞定。

　　泡溫泉來消除旅行的疲勞，對943來說是選擇旅館很重要的誘因。這家飯店附有溫泉，據說是施工時挖到的湧泉。飯前、睡前、隔天清早各泡一次，相信就值回票價了。

　　早餐提供北海道當地的海產，如明太子、墨魚等，可以自己DIY海鮮丼，還有北海道產的馬鈴薯做的可樂餅，美味可口。

　　札幌王子雖然是品牌大飯店，在各訂房網站上推出特價時往往擁有和商務旅館同等級的價格，物超所值。這家店距離雪祭場地大通公園和狸小路不遠，走路就可以到達，很適合血拚一族，但是雪祭期間很容易客滿，請提早訂房。

www.princehotels.co.jp/sapporo/
北海道札幌市中央區南2条西11丁目

札幌免費巴士可達的萬葉之湯溫泉

到當別町這種只有日本遊客才會造訪的小鎮,不妨步行去附近一間在在當地很受歡迎的日歸溫泉——futomi銘泉萬葉之湯。

它位在石狩太美站前,從札幌搭免費巴士,車程約一小時。一進去就看到櫃台牆上有好多名人簽名,此處類似韓國的汗蒸幕,可以在裡面過夜,有免費的電視、wifi、大眾池溫泉可盡情使用,從下午5點起計費,費用是1650日圓,在札幌算是相當便宜的住宿選擇了。據說有次日本偶像團體「嵐」到札幌開演唱會,市內大大小小的旅館全都客滿,好多日本人都選擇來此入住。

館內也有餐廳,丼飯類價格約1000日圓以下,還有收費的腳底按摩服務、柏青哥和遊戲間。週末有不少民眾前來泡湯,體驗美肌的療效。

入館料

每人1000日圓,假日1200日圓,可以泡大眾池溫泉及到公共區域免費看電視休息。家庭湯屋:一小時1430日圓。個別的和室:一晚5600日圓,一泊一食6600日圓。

www.manyo.co.jp/futomi
北海道石狩郡當別町太美町1695

物廉價美的公益餐廳ぺこぺこのはたけ

距離當別町「石狩太美」車站徒步四分鐘左右，有間美味的公益餐廳，是日本稱為「共生社區」的喜憨兒庇護工場，提供自閉兒和喜憨兒自力更生、融入職場的機會。它與當地農場合作，採購當地的自然食材，再以低廉的價格提供給消費者，達到消費者、心智障礙者、在地小農三贏的局面。

店內的裝潢典雅，非常具有文青風，餐點的擺設也很美觀，想必是經過專人精心設計的，連顏色都搭配得剛剛好呢。重點是這麼養眼的定食一客只要700日圓！美味多汁的豬排飯一客1000日圓！

提醒大家：因為這是喜憨兒餐廳，工作人員可能反應不是非常機敏，前來消費時請抱持多一些耐心喔！由於外場只有一位人手，其他人都在廚房裡認真工作，能自己來的話就盡量自己動手吧！

 www.yuyu24.com/pekopeko
石狩郡當別町Bitoe 640-15

在地好物都在這裡：石狩郡當別町特產中心

　　石狩郡當別町車站前有間由老舊倉庫改建的特產中心，販售當地特
產，其中包括曾經得過日本第20回全國菓子博覽會褒賞之證的點心，
吃起來有點像撒了黃豆粉的核桃糕。

　　特產中心還有一間小型咖啡店，裡面販售湯咖哩，這樣的奇特組合
還因此登上日本媒體報導呢。

提供免費咖啡的Royce巧克力店

　　很多人到北海道都指名購買Royce巧克力，它的美味無須形容，尤其洋芋片口味更是令人忍不住一口接一口啊！

　　Royce的名稱來自創辦人山崎泰博（Yasuhiro Yamazaki）的名字，他把泰博（Yasuhiro）倒過來唸ro-hi-su-ya，就變成"Royce屋"（屋是ya的發音），品牌名稱就此誕生，很有意思！由於山崎先生是當別町出身，第一間工廠也設在當別町，這間店是少數可以喝到免費咖啡的Royce專賣店喔！想採買Royce巧克力的人不妨順道喝杯免費咖啡，自駕或搭乘ice hotel的接駁巴士前來都很方便。

ROYCE'太美工廠店
石狩郡當別町Bitoe 640-15

最便宜品嘗北海道和牛的方法
——北海道咖哩本舖

　　在札幌新千歲機場免稅店超高人氣的「北海道咖哩本舖」，可以最便宜的價格享用北海道十勝和牛！（一盒1080日圓）一盒兩包，裡面有大約半個巴掌大的十勝和牛，牛肉好嫩好好吃，咖哩的調味也不錯，雖然無法帶回台灣，可以到超商買白飯，加上調理包微波，當作早餐或宵夜吃。

一日遊行程建議

冬天自駕版

早上開車或搭接駁車前往當別町的ice hotel，從札幌出發車程約1小時。

午餐去pekopeko喜憨兒餐廳。

下午走路去附近的萬葉溫泉。

傍晚回札幌路上逛Royce專賣店喝免費咖啡。

春夏秋季巴士版：

從札幌搭萬葉溫泉免費接駁巴士到萬葉溫泉。

（也可從札幌搭JR到「石狩太美」大約半個小時）。

走路去pekopeko餐廳吃中飯，或在萬葉溫泉裡用餐，下午回札幌。

道東旅遊重點

一、道東必訪的很美的三大湖——阿寒湖、摩周湖、屈斜路湖。

二、觀賞釧路的形象大使丹頂鶴，幾乎全日本的丹頂鶴都在這裡。

三、電影《非誠勿擾》取景過的爐端燒和食尚玩家節目報導過的勝手丼是必吃美食。

四、厚岸道路休息站餐飲部，評鑑全日本排名第一且五連霸，還可以現烤厚岸牡蠣。

交通方式

可從札幌搭飛機、火車或巴士至釧路。最新推出的「周遊北海道巴士」，沿途經過許多知名景點。路線如下：

一、從札幌或新千歲機場到富良野、帶廣及十勝川溫泉。

二、從帶廣往東至道東阿寒湖、JR摩周站、JR川湯溫泉站，最後至知床半島的宇登呂。回程可從宇登呂走另一路線經網走、女滿別機場至層雲峽。

三、從層雲峽起始，經旭川及旭川機場、富良野，抵達札幌。單程車資大人5500~6000日圓，小孩4400~5200日圓。

🚌 釧路地區巴士網站情報參考

www.uu-beihaidao.tw/corporate/
akanbus.shtml
www.akanbus.co.jp/localbu/index.htm

✈ 大自然及野生動物的天堂：道東

北海道的絕美風景眾所皆知，但一般旅客比較熟悉札幌.富良野、小樽、函館這些觀光都市，對道東較陌生，其實道東也很值得一遊呢！

觀光客必訪：釧路市丹頂鶴自然公園

943建議抵達道東的第一天早上起床後去看釧路鼎鼎大名的丹頂鶴才不虛此行！如果要近距離觀賞丹頂鶴的身影，不妨到「釧路市丹頂鶴自然公園」，搭乘「阿寒線」巴士可抵達。

其實以前釧路的丹頂鶴數量不多，後來因為當地人士開始提倡保護丹頂鶴，數目越來越多，現在它已成為釧路的金字招牌。

隔著柵欄，可以看到丹頂鶴在園區內自由地活動。有些丹頂鶴頭上沒有紅毛，但是情緒一high起來，頭毛就會變紅，很有意思。有時還可看到丹頂鶴由於天氣冷，而將一隻腳縮在腹部的毛裡取暖的畫面。

參觀路徑旁有些關於丹頂鶴知識的猜謎，翻開柵欄上的木板就可以看到底下的答案，適合大小朋友一起來趟知性之旅。每天早上9:45是餵食秀時間，也有室內展覽，很適合對動物有興趣的親子遊。

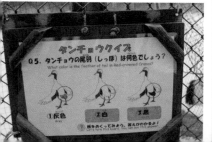

自然賞鳥最佳去處：阿寒國際丹頂鶴中心

　　若想遠眺自然野生的丹頂鶴可來此處，看台上來自各國的賞鳥人士和生態攝影愛好者已經一字排開地擺好相機及腳架，冒著細雪等候丹頂鶴駐足。

　　每當成群的丹頂鶴飛起，賞鳥人士的相機喀嚓聲此起彼落地響起。四周沒有柵欄遮蔽，很適合攝影，但要自備望遠鏡喔。

300日圓冰上釣魚樂翻天：阿寒湖

在結冰的阿寒湖湖面上騎摩托車，真是不可思議的新鮮體驗啊！
943騎一小圈只花了300日圓，算是過過乾癮！除了冰上滑冰、雪上拖
雪橇，阿寒湖還有一個冰上活動超有趣，就是冰上釣魚！在結冰的湖面
上挖個洞垂釣，十分有趣，雖然釣起來的都是類似丁香魚之類的小魚，
不過大家都釣得不亦樂乎。

體驗冰上釣魚的價格並不貴，一整天也只要1500日圓，將釣起來
的魚拿去廚房，還可免費做成炸天婦羅，釣多少吃多少。

結凍的湖面上有好多帳篷是一大奇觀，帳篷裡面有暖氣喔。如果不
是遠方的山還有些綠色，感覺有點像置身在南極的電影，這場景也讓我
想起《紅樓夢》裡的一句話：「落了片白茫茫大地真乾淨」。

四季皆美的純淨之湖：摩周湖

從阿寒湖搭一小段路的車就可以抵達知名的摩周湖。夏天的時候湖水很藍很美，藍到有種藍色被命名為「摩周湖藍」。冬天則是一片冰天雪地的景象。

摩周湖是日本少數沒有河流注入和流出的湖泊，因此湖水非常清澈。為了保護當地環境，遊客只能在展望台拍照留念，不過即使只有這樣就已經美不勝收了。

火山口近距離直擊：硫磺山

硫磺山，顧名思義就是充滿硫磺的山，這裡的特色是可以走到距離噴氣孔非常近的距離，不像昭和新山、九州湯布院塚原溫泉火口，只能在很遠的距離以外觀看。由於離火山口只有幾步之遙，是值得一遊的景點，但是要小心安全喔！

自己挖免費溫泉：屈斜路湖

　　道東三湖之一的屈斜路湖，又名砂湯。遊客可以用塑膠手套徒手挖掘溫泉泡腳，砂湯旁的紀念品店裡提供免費的飲用溫泉，暖暖身子也不錯。此處有很多自動飛來的野生天鵝，不是人工飼養的。

超療癒的免費足湯：摩周道の駅

　　結束一整天的行程後，自駕族不妨到「摩周道之驛」（休息站）泡個免費足湯歇歇腿。這個休息站連晚上打烊後都還開著樹上的裝飾燈，先別嫌浪費，因為這些電力都是用溫泉發電的喔！943超愛這裡的足湯，因為溫度夠熱，泡腳超級舒服啊！它可以促進血液循環，舒緩一整天的疲累，晚上就不用貼休足時間囉！

 北海道川上郡弟子屈町3-3-40

世界三大夕陽所在：幣舞橋

　　幣舞橋與札幌豐平橋和旭川旭橋並稱「北海道三大名橋」，名稱是來自愛奴族的語言，意思是「祭典之地」。日本人稱幣舞橋日落是「世界三大夕日」，橋上共有四座以春夏秋冬命名的少女雕像，各為不同的藝術家作品。

認識釧路歷史的好地方：釧路市博物館

　　若想多認識釧路濕原的自然歷史、生物、人文等知識，不妨來釧路市博物館參觀一下。這個博物館的擺設頗有臨場感，例如弧形的龐然大物竟然是鯨魚的下顎齒，工作人員把它放在樓梯旁邊，高度足足有兩層樓高，很驚人呢。

電影《非誠勿擾》取景地：爐端燒 煉瓦

　　在當地很受歡迎的爐端燒店「煉瓦」就在幣舞橋附近。門上寫著「一生懸命營業中」，感覺老闆很努力工作的樣子。這家店在日本很有名，有很多當地人光顧，牆上好多名人的簽名照；另一個令它聲名大噪的原因是，曾出現在舒淇和葛優主演的電影《非誠勿擾》。

　　所謂的爐端燒就是在桌上有炭火爐子，自己動手烤，943看到好多當地人都是獨自前來，連自己一個人來的老婆婆都吃得津津有味。

　　海鮮當然是第一重點，扇貝、牡蠣、蝦、鮭魚、一夜干都非常新鮮好吃，還有豬肉、雞肉、炸雞，口感十分酥脆。如果點火烤帝王蟹，烤好後店員會幫忙剪開蟹殼。

www.renga.jp
北海道釧路市錦町3-5-3

吃「勝手丼」就到這裡：和商市場

　　和商市場的勝手丼已經變成許多觀光客到釧路的必吃名物。所謂「勝手丼」就是自己挑喜愛的海鮮作成丼飯，據說最早是一群東京來的大學生想要省錢，請店家讓他們自己挑海鮮，後來因為釧路的海產新鮮又美味，演變成許多人慕名而來想要嚐一嚐。這些生魚片和海鮮價格並不是太貴，市場裡也有暖氣，即使冬天也可以放心地大快朵頤。

　　要吃勝手丼，方法是先去隔壁的店買白飯，然後回到攤位選食材，這碗豐富的勝手丼大約850日圓，每一種食材都好鮮甜、魚肉也很有彈性。和商市場還有其他海鮮可以購買，這裡也是當地人日常採買的傳統市場，價格比附近的moo市場便宜一些。

www.washoichiba.com
北海道釧路市黑金町13-25

天皇超愛的蕎麥麵：竹老園東家總本店

　　釧路市郊非常有名的蕎麥麵店「竹老園」總店，據說是昭和天皇的愛店，此店1874年最早在小樽創立，第二代在二十世紀初期到釧路市春採湖旁創立此店。

　　這家店的親子蕎麥麵和雞肉蕎麥麵都很好吃，其中「無量壽」則是黑麻油特製的蕎麥麵。通常蕎麥麵很容易因熱湯浸泡使口感不夠有嚼勁，但是這裡的蕎麥麵並不會糊掉喔！口感還是非常Q又有彈性，而且湯頭不錯，溫潤有滋味。

www.chikurouen.com
釧路市柏木町3-19

休息站竟有超便宜烤大牡蠣：道の駅厚岸味覺

　　北海道道東有個道路休息站是全日本票選第一的餐飲部，至今已經五連霸了。厚岸的名物是牡蠣，這裡的牡蠣會像游牧民族一樣，依不同季節在淡水和海水間的海域移動，這就是厚岸牡蠣大又好吃的秘密呀！也因此這個休息站做了一堆牡蠣的週邊商品，包括牡蠣最中。吃起來沒什麼海鮮的腥味，還有很好吃的「牡蠣摩卡冰淇淋」，做成牡蠣形狀的餅乾口感很脆，只有牡蠣香沒什麼奇怪的海鮮味，尤其摩卡口味好香、好好吃。

　　如果到厚岸的休息站，只是休息、吃東西、遠眺海景，就太可惜了！餐廳後方的BBQ區有好多座位，假日時可是一家烤牡蠣萬家香。烤肉的場地費是一人300日圓，想吃什麼就在水族箱裡挑，結帳後再拿到座位上烤。烤熟後，工作人員會幫忙用工具撬開牡蠣的外殼。

　　牡蠣有兩隻指頭這麼大，味道也很新鮮，難怪厚岸牡蠣會成為當地的特產。四個超大牡蠣1200日圓，比較小的牡蠣一個180日圓，若在其他縣市的漁市場，很難找到如此便宜的價格呢！

www.hokkaido-michinoeki.jp
厚岸郡厚岸町住之江
2-2

商務價格入住四星級飯店：
釧路王子飯店

　　這家老牌飯店的好處就是佔盡地利之便，位置超級好，機場巴士直接停在門口，可以在飯店門口下車實在太威了。通往道東三湖的巴士也是在王子飯店門口直接上下車，很適合不想在雪地裡拖著行李走的人。

　　釧路王子飯店位在釧路JR站和幣舞橋的中間，從釧路王子走路3分鐘就有24小時的7-11，步行到釧路站或和商市場大約10～15分鐘，幣舞橋、moo、爐端燒大約5～10分鐘。一晚住宿每人最便宜才一千多台幣，等於用商務旅館的價格入住四星品牌酒店，是物超所值的選擇。

　　附近的餐廳不多，可以直接在飯店餐廳用餐。釧路王子的晚餐一人大約2000日圓起跳，最豪華的生魚片定食大約3000日圓，以日本的物價而言並不高。早餐質感不錯，提供蔬菜水果和海鮮，還有明太子、鹿肉等北海道當地名物。

www.princehotels.com/kushiro/zh-tw/
北海道幸町釧路 7-1

二日遊行程建議

第一天　道東三湖自駕版

09:00：從飯店出發

09:40~10:10：釧路市丹頂鶴自然公園

10:30~11:00：阿寒國際丹頂鶴中心

　　　　　●搭巴士可改去鶴見台

11:40~12:30：阿寒湖

　　　　　●騎雪上摩托車，若要釣魚，

　　　　　　其他湖的行程須縮減

12:30~13:15：阿寒湖午餐

　　　　　●鶴雅飯店定食約1200日圓

14:15~14:45：摩周湖

15:15~15:30：硫黃山

16:00~16:20：屈斜路湖（砂湯）

18:00：回到飯店

第二天　釧路市週邊+厚岸牡蠣

09:00：從飯店出發

09:10~09:50：在和商市場吃勝手丼及逛逛

10:10~11:00：幣舞橋散步、逛moo市場

11:10~11:50：釧路市博物館

12:00~12:45：竹老園蕎麥麵

13:45~14:30：厚岸味覺Terminal 道の駅吃牡蠣

　　　　　　也可去釧路溼原展望台。

●前往竹老園蕎麥麵可在JR釧路站搭18號白樺線到「千代之浦」站下車，再
徒步約7分鐘可抵達。

Chapter 3

從東京跳點飛新潟

去北陸的新潟旅遊，
東京是很好的跳點，先搭常常特價的東京航線到東京短暫停留，
再搭日本國內線或電車延伸到新潟，
一次遊兩個城市，是 943 十分推薦的旅遊路線。
另外，在東京旅行可別把時間都花在市區，
東京近郊有非常迷人的景點適合去散心走走呢！

便宜又大碗的箱根周遊券
（Hakone Free pass）

　　在這麼多路線當中，最熱門的就屬以下幾種交通工具：

一、蘆之湖遊船：

　　蘆之湖遊船（芦ノ湖遊覽船），晴天看山，富士極景。陰天看霧，山煙裊裊，都很不錯。

　　它是距今約40萬年前火山噴發後形成的火山口湖，而富士山河口湖則是堰塞湖。大霧瀰漫中的海盜船，更增添一分神秘感。

　　湖畔的箱根神社是蘆之湖遊覽船遊程中的一大亮點，湖光山色襯托下的大紅色鳥居矗立水中，是遊覽箱根不能錯過的景色。

二、駒岳纜車：

　　在箱根園下船後，轉搭駒岳纜車（駒ヶ岳ロープウェイKomgatake Ropeway），在纜車上俯瞰蘆之湖，實在好美。

　　駒岳纜車終點的山頂有一個小山丘，爬上去就可以看到這個小神社。上山的坡度較緩，從鳥居進入神社，下山路的坡度較陡，照逆時針方向爬山才不會氣喘吁吁。

　　可愛的小神社是箱根神社的分社，站在神社前可以俯瞰鄰近的沼津市區，山坡上還有大文字燒呢，祭典時會點燃大字，晚上很壯觀，還有煙火秀。

三、登山纜車：

　　從強羅來回早雲山。在強羅可換搭箱根登山電車或其他巴士到小田原。隔天可從強羅站出發，準備上早雲山轉空中纜車去大涌谷。

　　雖說是纜車，看起來像電車，但其實車底有鋼索，車廂與地面呈現傾斜狀，車廂內也是階梯狀，很有意思。車廂的座椅是以沿線盛放的繡球花為圖案，登山纜車的車票和台灣早期的硬紙票堪稱姊妹票。

　　經過大約10分鐘的車程，就到早雲山了，再轉搭體型較小的空中纜車，就可到大涌谷啦。

四、空中纜車：

　　箱根空中纜車的起點是早雲山，終點是桃源台，全長4035公尺，榮登日本最長、全世界第二長的空中纜車，僅次於瑞士的Kriens Bahn纜車。纜車經過硫磺採礦區時常引來車廂內一陣驚嘆，因為從還在冒煙的硫磺上越過，不但壯觀，也有點驚險。

　　大涌谷標高1044公尺，「黑蛋」是箱根有名的名產，把生蛋放入溫泉裡煮，蛋殼會變黑，蛋黃不煮熟而是半液態、半固態的狀態是最好吃的，據說吃一顆箱根黑蛋可延壽七年。

　　箱根不愧是深受日本人及外國遊客喜愛的旅遊景點，有吃有玩還能泡溫泉，不同的季節還能看到不同的景色，值得一遊再遊呢！

全家輕鬆泡湯趣：箱根

　　位於東京近郊的箱根是相當受歡迎的旅遊勝地，不僅名列日本民眾心目中最佳溫泉前三名，就連全日本欣賞紅葉的Top5，也榜上有名。小小的箱根地區不單有晴天時可遠眺富士山的蘆之湖外、箱根神社、大涌谷、杉木林蔭道等自然美景，還有箱根關所資料館、小王子美術館、雕刻之森美術館等人文藝術的設施，更別說距離鄰近御殿場名牌outlet不遠，可說是老少咸宜的度假天堂。

最美富士山遊覽路線：河口湖

　　河口湖屬於「富士箱根伊豆國立公園」，每個去過的人都讚不絕口！

　　富士山同時跨了山梨和靜岡兩個縣，於2013年入選聯合國世界文化遺產名錄。河口湖是富士五湖中面積第二大的湖，遊湖順便看富士山很超值，也謀殺了不少相機記憶卡。

　　欣賞河口湖最棒的方式就是搭船從湖的各個角落欣賞山、雲、湖、樹的變化。遊覽船半個小時一班，遊湖一周只要大約半個小時。搭乘遊湖的Ensoleille號，無論名字或外型都很有歐風。船上有很漂亮的花架和鐘，隨便取景都很美。

　　夏季一般因濕氣大、雲氣重而常常看不到富士山，要看富士山最好是早上到中午，下午若雲氣越來越多，看到的機會就不大了。要留意的是，遊覽船只開到下午五點。

　　下船後還可以搭造型可愛的河口湖復古巴士，逛逛湖邊的市町，體驗一下當地居民的生活。車內頗有復古的感覺，還有中文語音報站，真是貼心。

可祈求良緣的天上山纜車、天上之鐘

　　天上山纜車可說是東京近郊最有梗的纜車之一了，山頂的公園除了能看富士山、俯瞰河口湖、敲天上之鐘，還能參拜兔子神社。

　　纜車的入口就在河口湖遊船的碼頭旁，有個傳說是古時候此處有狸貓欺負老夫婦，兔子就設計修理狸貓討回公道，其中用的方法是火燒，因此天上山的日文發音是Kachi Kachi，就是摩擦火柴的狀聲詞，這座山也被稱為Kachi Kachi山。

　　河口湖是堰塞湖，形狀很美，在纜車上可盡情欣賞湖光山色。到達山頂後，上面有一座「天上之鐘」，很多情侶都來這邊敲鐘，祈求長長久久的幸福。從心形鐘框裡看富士山，在富士山的見證下敲鐘，會幸福喔！如果累了，也可以進茶屋歇歇腿、躲避烈日。一旁還有個迷你的兔子神社，兩旁有兔子的石像，鳥居只比成人高一點點而已，十分可愛。

圖片提供：富士急飯店

湯瑪士小火車主題房：富士急樂園飯店

　　湯瑪士小火車是小朋友的最愛，如果將整台小火車模型搬進房裡，小孩一進房間就會尖叫吧！一般所謂的主題房頂多只在牆上漆一些圖案，相形之下，這間主題房很用心，還在桌上擺了個電吉他形狀的飯店備品放置架。早餐和晚餐的品質都不錯，晚餐有巧克力鍋，還有小朋友食物專區，有小朋友專用的餐具，連香鬆外盒都印著湯瑪士小火車呢！

從新宿西口搭急行巴士至富士五湖（河口湖）省時又省力
www.bus-tw.fujikyu.co.jp
www.odakyu.jp/tc/deels/freepass/fujihakone/

圖片提供：富士急飯店

最近越來越多廉航，讓人可以用很便宜的價格飛日本。不過搭紅眼航班在機場過夜也不用傷腦筋，因為東京成田機場裡設有膠囊旅館「9 h nine hours」。它就位在第二航廈旁不遠處的立體停車場B1，走路即可抵達。開幕僅兩年，設備還非常新，男女分宿，網路評價也不錯。住宿一晚費用早鳥價是4900日圓，平時價格是5900日圓起。白天若要小憩也可短暫休息，2小時2250日圓起。旅館提供牙膏、牙刷、毛巾、浴巾等備品，及借用的拖鞋、浴袍，還有免費wifi。

新世紀福音戰士的主題房：
富士急樂園飯店

這間房間很有戲，不但將床體做成太空艙的樣子，還有《新世紀福音戰士》女主角綾波零的真人大小塑像。房內的牆壁很神奇，只要觸摸圖片，女主角就會對你說話喔！還有連電燈開關都做成啟動太空艙的按鍵，床頭有一些操作飛行器的按鈕，真有那麼一回事呢！床尾還有小窗戶可以勘查太空艙外面的動靜，真不愧是注重細節的日本人！

INFO

新潟旅遊重點

一、日本人對新潟的印象大多是米與蔬菜產地、新潟米和蔬菜水果都好吃，清酒好喝。新潟也有很多特色料理。

二、在新潟看藝伎表演只需其他縣市的十分之一，也就是大約600元台幣。一般請藝伎都要一小時6千元以上，而且還得到很貴的高級料亭吃飯才有藝伎，來新潟可說是非常超值啊！

新潟的特色就是有好多特別的料理，到了當地一問，943才知道能發展出這麼多特別的料理不是沒原因的，因為新潟就是魚米之鄉啊！櫻花季時，新潟市萬代橋旁可以一次欣賞櫻花和鬱金香，不想去京都和東京人擠人的話，不妨到新潟走走。

交通方式

新潟市觀光循環巴士券

在新潟市區觀光，最優惠的方式就是買新潟市觀光循環巴士一日乘車券，大人500日圓。和不少縣市一樣，這張車票是一張刮刮樂，在新潟車站前的巴士站買票後，把當天的日期刮掉，然後上車時出示給司機看，全日有效。若搭車當天是2015/11/20，刮2015.11.20這三個地方，就可以一日無限搭乘循環巴士囉！因為新潟市內最短距離單趟都是210日幣以上，其實只要搭2趟以上就回本了！附帶一提，新潟市的循環巴士是漫畫《犬夜叉》圖案呢！

🚌 新潟市觀光循環bus網址

www.city.niigata.lg.jp/kanko/bus

魚米之鄉：新潟

許多台灣人對新潟的印象是川端康成筆下的「雪國」，日本人對新潟的印象則是新潟米、清酒和蔬菜水果的產地，因此美食在新潟多半物廉價美。在新潟市看藝伎表演只需其他縣市的十分之一，遊新潟可說非常超值呢。

超酷蒸籠飯始祖老店：田舍家

新潟的特色料理之一是用類似蒸籠的圓筒做的飯，非常特別！蒸籠飯是新潟當地的店首創的，圓筒飯日文叫做「わっぱ飯」，發音是wapa。首創蒸籠飯的店就是這家古色古香的老舖——田舍家，在古町的是本店，看藝伎和「舊齋藤家別邸」時可就近用餐。

蒸籠飯難度很高，因為每種食材易熟程度不同，要如何料理才不會讓蔬菜蒸過頭但肉類卻沒熟？就是放耐煮的蔬菜、肉類再切片或切丁，還要用小火蒸，才會讓杉木的香氣進入新潟米煮成的飯中，才有獨特的米飯香。

新潟縣新潟市中央區古町通9-1457
www.the-niigata.com/youkinatta/data/details/044.html

只要500日圓的木盒海苔蕎麥麵：須坂屋

　　新潟的另一項特產「片木蕎麥麵」（木盒裝的海藻蕎麥麵），日文叫做「へぎ」（發音hegi）。因為放了海苔在麵身裡，非常有嚼勁，尤其是冰鎮過的冷麵，Q度不輸中式拉麵喔！如果是熱的麵，口感就像一般的蕎麥麵了。

　　最有名的店就在新潟站萬代口附近的「須坂屋」，味道不錯，點兩人份的話，大約一人1000日圓，不貴又好吃。

 新潟縣新潟市中央區弁天1-4-29

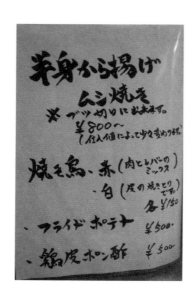

日本唯一炸半雞：せきとり東万代町店

　　炸半雞也是新潟的特色料理，日本全國的炸雞店只有這家是把半隻雞整個拿去炸，由於使用春雞所以體積並不大，外皮很酥脆，得過不少美食的獎項，其他如玉子燒等也頗為好吃，叫了一整桌包含清酒，每人也才600元台幣左右，很划算。

　　有意思的是炸半雞的價格要看當天的雞肉價格而定，943去吃的這天是半隻雞850日圓左右。這家已經創業50年的老店，是日本人到新潟市一定要吃的道地美食，最好下午五點一開門就去，不然要排隊喔！它位在離新潟車站不遠的老街上，走路可到達。

 新潟市中央區天明町3-16

用1/20的價格欣賞藝伎表演

新潟有個很棒的特點是可以看到很少外地人知道的藝伎表演，非常超值。在日本很難得可以近距離接觸的藝伎們平日很少出門，就算在街上也不太能突兀地拍攝正面。若想要與藝伎們互動，只能花大錢到高級料亭（還要熟客帶路才能進入），沒有一定的人脈是不行的，門檻非常高。付了餐飲費後再出鐘點費請藝伎，一小時大約20000日圓，大約是5000元台幣（每人），真是所費不貲啊！但是在新潟卻可以2500日圓欣賞藝伎表演。由於是文化活動，不但可以看到藝伎介紹全身行頭，還可以和藝伎一起玩遊戲！

對許多日本人而言，要現場欣賞藝伎表演甚至互動，是一生難得的機會。因為新潟政府大力推展觀光，經費補助讓國內外遊客用這麼經濟實惠的驚人價格與藝伎們互動。

www.nvcb.or.jp
新潟觀光Cenvention協會

新潟市古町的藝伎在明治時期可是與京都祇園、東京新橋並稱日本三大藝伎花柳界。這是因為新潟是海港城市，過去是日本極少數能大量生產稻米的地區，許多運往北海道、中國、韓國的物資都一路從東京、京都經由新潟運送出去。商業貿易需要藝伎迅速帶動氣氛增加與客戶合作的機會，新潟的藝伎在極盛時期曾有數百人之多，目前只有數十人依舊為文化傳承堅持著。

藝伎跳起舞來很優雅好看，玩遊戲時也很親切。親身體驗和藝伎玩遊戲才深刻了解藝伎對商業發展的重要性，原本陌生的場子一下子就被炒熱了，眾人的距離馬上就拉近了。

藝伎表演會每場只有25人可以報名參加，主辦單位是新潟觀光Cenvention協會，可從該網站連往報名網頁，中文版網站有很豐富的旅遊資訊，不過藝伎活動只會公佈在日文版。

直擊藝伎的家：川辰仲

　　想看到藝伎不容易，想參觀藝伎的家更難。

　　但943無意中發現新潟古町的小巷子裡有一間藝伎的置屋（類似日劇《Dr.倫太郎》裡藝伎們住的地方），參觀費只要500元日幣而已，實在是超難得的機會啊！現居女主人的外婆曾是這間藝伎部屋的紅牌藝伎，看上去已有六、七十歲的她，非常熱情地用日文和簡單的英文介紹屋裡屋外，包括藝伎使用的梳妝台、家具、有機關的窗子，原汁原味，是非常有歷史的一間置屋啊！

 新潟市中央區古町通8-1439

地獄極樂小路

新潟市區有很多類似「鍛冶小路」、「風間小路」之類的街道。位於古町的「地獄極樂小路」很值得前去拍照，就在知名景點「舊齋藤家別邸」附近。為什麼叫做「地獄極樂小路」呢？原因是以前這條小路的右邊是監獄，左邊是高級料亭，地獄與天堂只有一路之隔，很有意思的路名呢！

新潟評價第一景點：舊齋藤家別邸

出發之前943曾經很好奇，tripadvisor上排名新潟市景點第一名的「舊齋藤家別邸」是何模樣？原本以為就是類似林家花園的地方，但是一到現場就被眼前的「庭院」給嚇到了！誰家有這麼大的庭院呢？難怪是大富人家啊！

這裡的景緻在秋天尤其美麗，還可以到種滿植物的假山上走一圈。說是假山其實有點太辜負這陣仗，這是個天然的砂丘，山上還有因為沙土被風吹走而裸露出來的巨大樹根可證明舊齋藤家別邸十分有看頭。

 新潟市中央區西大畑町576番地

免費參觀文化遺產：舊新潟稅關廳舍

　　日本在1858年開放國內五個港口：新潟、神奈川、函館、長崎、兵庫而結束鎖國時代，至今五個港口中只有新潟的稅關廳舍還保留著，所以是相當重要的文化遺產。信濃川河邊這個美麗的歷史建築「舊新潟稅關廳舍」，還保留了過去從船上卸貨到這邊課稅的部分舊河道，建築門上的圖案形狀像「錢包」，象徵稅關就是幫國家看管荷包呢！

認識新潟榮光：新潟市歷史博物館

　　若對歷史有興趣，可到舊新潟稅關廳舍隔壁的新潟市歷史博物館參觀。這裡的展覽介紹了當時新潟的商港就是出口來自東京、京都、大阪的貨物，再輸送到九州、琉球和中國，同時也進口外國貨物到日本，難怪當時新潟的藝伎和東京、京都齊名啊！

 新潟縣新潟市中央區柳島町2-10

日航飯店頂樓的免費觀覽台

有空的話，可以繼續用一日券到信濃川另一岸的日航飯店頂樓的免費觀覽台俯瞰新潟落日，免費入場，也有飲食專賣區，適合一日遊結束後到這邊稍事休息。

 新潟縣新潟市中央區万代島5番1

文青大本營：沼垂老城區

新潟車站西北邊的沼垂區，是很有味道的老城區。沼垂區分為兩大部分，一個是發酵之町，一個是很文青的沼垂Terrace商店街。有多文青呢？看看他們的網頁就知道，居然還幫老街的貓咪們做「個貓簡介」，貓奴們趕快去拜見喵星主人吧！

 nuttari.jp/

沼垂Terrace商店街的網站有每間店舖的介紹，這裡很多類似中山捷運站巷內或湯布院湯之坪街道那種特別的獨立小舖，每間店的開店日和時間都不一樣，基本上是週五下午開店最多。

當台灣人嫌鐵皮屋超醜的時候，沼垂商店街把鏽蝕的鐵皮屋變成老街再生文創潮到出水的象徵，隨便一間咖啡店都好有fu，現在新開的各式藝文店家還保留了舊日老街蔬果店的鏽蝕招牌。

如果上JR東日本的網站預約的話，可以到新潟站前的觀光案內所領取導覽地圖和小禮物喔！

濃濃人情味的人情橫丁

　　喜歡逛市場的人可以到「人情橫丁」走走，這是一條菜市場老街，有些店還挺有味道呢。就像台灣的富基漁港、碧砂漁港有代客料理，新潟這邊的本町市場也有「代客烤魚」的服務。

　　海鮮丼1000日圓，沙西米定食1000日圓，真的是市場才有的價格啊！

激安直送的本町傳統市場

　　本町市場有不少老婆婆出來擺攤，賣自己家種的蔬果，不看價格還好，一看嚇一跳！例如柿子3個100日圓！台灣一個柿子要賣40元啊！而且柿子超級甜，943感動到都快要流淚了！還有新潟的名產「笹團子」，據說是上杉謙信帶兵時方便攜帶和保存的食物，用粽葉包的，裡面是糯米和紅豆餡，吃起來就像是草綠色的紅龜粿，挺好吃的呢！

小人國版「四國遍路」：
四國八十八所御砂巡道靈場

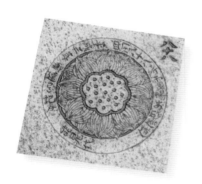

　　熟悉日本文化的人應該都有聽過「四國遍路」，就是徒步巡迴四國四個縣的88處寺廟靈地，全程走完大概要花將近兩個月左右的時間。但是這裡竟然可以花一分鐘走完小人國版的四國遍路！地上的每一塊石板就是象徵一個靈地。

　　原來是體恤遊客從新潟前往四國路途遙遠，所以特別設立一個可以讓新潟人常常來「四國遍路」的小人國版，這是有經過四國認證的喔！

到醬油與味噌之鄉參見試吃：發酵之町

　　從沼垂走路約十多分鐘，就可以到不遠處「發酵之町」參觀當地的發酵工業，也就是味噌、清酒、醬油等發酵食物的工廠。

參觀日本清酒的老酒廠：今代司

　　如果對清酒的釀造過程有興趣，可以到「今代司酒造」網站報名免費參觀，大部分是日語講解，特殊時刻才有英語解說，目前沒有中文。

　　可參觀酒廠裡的設備如何先用一圈一圈的水管裝清酒，水槽中放水加熱，將酒加溫。也可以見到正在發酵中的酒都儲藏在不鏽鋼酒桶中，途中每天都需用人力從頂部上下攪拌三十次。清酒發酵25天後，從綠色的酒桶中接一條管子到下圖的機器壓榨成白色的酒粕。今代司維持傳統的規模，產量有限，這裡也是全日本一千多個酒廠中，其中四十間中完全不用化學原料的清酒廠之一。廠內陳列過去酒類相關的古董，可以免費參觀及試喝各種清酒。

　　參觀完畢就是免費試喝時間，架上每一種清酒都好好喝啊！943曾參觀過一些歐洲酒廠只提供一小杯試喝，但這裡是自由暢飲，同行的日本女生也說很好喝。

www.imayotsukasa.com/brewery.html

味噌製造過程見學：峰村釀造

同在「發酵之町」，清酒工廠附近不遠處有間很知名的味噌工廠「峰村釀造」。門口有各式味噌商品，還有高湯濃縮粉可以試喝，櫃台會免費給參觀者一小碗新潟白米飯，可自己加喜歡口味的高湯。有兩三款口味可試喝，柴魚那款超好喝喔。

如要參觀工廠，進入前要套上髮帽和鞋套，也就是包住頭髮和鞋子，以避免將外面的細菌帶入工廠，影響味噌的發酵。

味噌的原料是大豆、米、鹽、麴，在各種管線中洗淨、混合後，輸送到儲存槽發酵。紅色味噌是發酵比較久的味噌，黃色的白味噌就是米的比例比較高、發酵時間比較短的味噌。已經發酵完成要打開門降溫的味噌槽，門上還貼著全體員工感謝儲存桶的紙條。連桶子都要感恩，可見日本人的敬業程度。

🏠 新潟市中央區明石2-3-44

超值海鮮吃到飽：萬代銀飯店

　　新潟物價真的沒有比台灣貴多少，例如943無意中發現的萬代銀飯店吃到飽，只要3900日圓。有松葉蟹、蝦、牛排、豬排、沙拉、白飯或義大利麵、濃湯、飲料等西餐任你吃到飽！這家吃到飽的規則是吃完一道才能點下一道菜，避免浪費。

　　限時90分鐘，松葉蟹味道鮮美，尤其是蟹腳，蝦子很有彈性可以多點，非常超值啊！

 新潟縣新潟市中央區萬代1-3-30

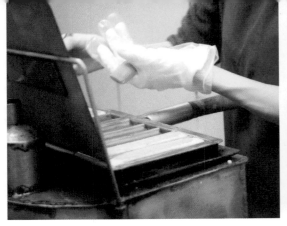

長途巴士中心美食

只要350日圓的新潟名物poppo燒

萬代銀酒店對面的長途巴士中心一樓還有賣這種新潟特產poppo燒,味道有點像黑糖作的發糕,卻是雞蛋糕的做法,10條350 日圓,可以當點心吃。

新潟超人氣美食Italian義大利麵

另一種新潟名物是和風洋食──義大利麵,也在巴士中心的二樓,叫作Italian,客人很多。怎麼個特別法呢?他們將中式麵條的原料做成義大利麵,有點像台灣的炒麵而且還有豆芽菜?!但吃起來挺好吃,一客才330日圓,真是平民美食啊。

三日遊行程建議

第一天

早上：搭觀光巡迴巴士去逛本町市場、人情町，櫻花季時可先去萬代橋北岸賞櫻和鬱金香。

午餐：古町三吉屋拉麵。

下午：古町——地獄極樂小路、舊齋藤家別邸、藝伎表演（有演出時）、藝伎置屋。

晚餐：古町田舍家 蒸籠飯。

第二天

早上：去新潟站前的觀光案內所索取「沼垂area」的觀光地圖，可以拿到2張明信片和小紀念品。

散步去沼垂寺町，看「一分鐘逛完四國遍路」和各寺廟。

午餐：散步到隔壁的沼垂Terrace老街區，逛一堆很文青的店和玩貓，找間店享用午餐。

下午：走去今代司酒造參觀製酒、去峰村釀造參觀味噌製作過程。

晚餐：五點走到「新潟站前Tokyo Inn」斜對面去吃炸半雞晚餐，早點去才不會排隊。

第三天

在新潟站和萬代銀酒店周邊逛街。

有無印良品、AEON、Uniqlo、GU、Loft、紀伊國書屋、GAP、伊勢丹百貨……

從名古屋延伸到金澤

自從廉航開航名古屋後，名古屋就成了進出北陸的重要機場，
抓住轉車或轉機的空檔在此停留一兩天，也可以發現很多有趣的事物喔！

名古屋旅遊重點

一、名古屋是進立山黑部和金澤的入口。

二、名古屋很適合轉機或跳點飛第三地前
　　來個輕鬆一日遊。

三、超好逛的大須商店街（不只很多二手
　　衣店，還有二手包店／質屋／金券店／
　　百圓店／各種省錢的店）。

四、名古屋城（德川家康的城池）及榮獲
　　日本新年初詣人氣全國第一名的熱田
　　神宮。

交通方式

　　飛抵名古屋中部機場後，搭巴士車程
約1~1.5小時，車資約1200日圓，即可
抵達名古屋市區。

　　搭電車約半個小時，車資約1230日
圓左右，也可抵達名古屋名鐵站。

✈ 二手買物天堂：名古屋

從超值的二手衣、要屈身進入的特色小店，到日本三大觀音寺、百年古蹟的德川要地，不管是短暫停留，還是深入探究，名古屋的趣味，值得你細細品味。

滿足挖寶樂趣的大須商店街

不同於一般車站外一條馬路通到底的商店街，大須商店街是非常廣闊的商業區域，不但有3C和電器用品賣場，也有很多家居用品及服飾店，一家大小都可以在這裡得到逛街的滿足。

大須商店街有好多二手衣店，而且規模很大，好多店都是看起來就像NET、佐丹奴之類的店面，但是整間店都是二手衣，而且衣況很新。除了衣服以外也有包包、鞋子，標價很簡單，藍標的最便宜，只要500日圓。很多包包都是紅標，就是只要1500日圓，相當於一個台幣450元，例如一件風衣是橘色吊牌，只要750元台幣，不只便宜還很新哪！衣服多到可以用顏色和款式分區，一整杆都是淺色和白色薄襯衫，超好逛！

專櫃二手衣秤重賣的Komehyo百貨

　　大須商店街上的Komehyo百貨,有二手和服、二手樂器、二手名牌包、二手珠寶的專門店,但只有少數住在當地的台灣人才知道這邊有秤重賣的二手衣,因為玄機藏在頂樓。底下二三樓是專門賣二手名牌包的區域,都可以跳過,因為重點在七樓。

　　本來名古屋朋友並沒有要帶我上七樓,只是在一樓看看和其他店差不多的二手衣店面,但是943千不該、萬不該瞄到電梯旁邊牌子上面的英文寫著「Yen=g」,瞬間啟動了省錢雷達,心想這邊應該有便宜貨,就搭電梯直衝最高樓層一探究竟,哈哈!果然這是把衣服論斤秤兩賣的超級大清倉啊!

　　上了七樓後,門口第一區是一公克2日圓的專區,還有一公克3日圓、一公克4日圓的。但是這些通通都不是重點,要走到藏在最裡面的這一區,衣服一公克只要1日圓,而且含稅!一件上衣通常只要150~300公克,如果1g=1yen,那一件衣服最低不是只要幾十元台幣嗎?看看整攤衣海兩大桌花車的衣服,還有整間店裡杆子上,很多都是全新的撤櫃衣或囤貨,全都只要1公克1日圓啊!有時還有每公克0.5日圓的,鞋子和包包也是秤重,可惜這天沒遇到大特價。例如Uniqlo的毛衣,連吊

牌都還沒拆呢！如果在店裡買要1990日圓，可是在這邊就是秤重賣，
270公克也就是只要270元日幣，約81元台幣，比在台灣買還省將近2
千日幣！裙子一件只要230公克＝230日圓，約69元台幣啊！！

　　通常只有價格很低賤的東西才會秤斤論兩變賣，例如一本一本自己
花錢買的書，要賣時都會被回收商論斤秤重賣，會很心痛吧！但是如果
反過來，不用再一件一件數千數百圓的買衣服，而是秤斤買，不是很超
值又划算的事嗎？尤其衣服在這裡又找到了新的主人，對環保是很有幫
助的呢。反正這邊可以慢慢挑、慢慢逛、慢慢秤，挑好了再拿去櫃台給
店員秤就好了。

　　雖然沒有試衣間，但是可以稍微簡單比一下套一下，不要選平常
自己沒穿過的款式最安全。當然會被拿來論斤稱兩賣，不會每一件的狀
況都像前面二手專賣店架上的衣服那麼新，自己要會挑、要淘金，還
有記得還要檢查一下鈕扣、縫線、接縫、鬆緊帶等細節喔！943買了一
件Uniqlo格子長袖襯衫居然只要185公克＝185日幣，不到54元台幣。
哇！真是太感動了！誰說名古屋沒什麼好去的地方？這裡超好逛的啦！

 www.komehyo.co.jp/

要鑽洞才能進店：星期三的愛麗絲

　　「星期三的愛麗絲」這家店很特別，入口超級矮，進出都要屈身彎腰，才能像進入兔子洞穴一樣走入神秘的世界。

　　這家是一號店，現在已經展店到東京、大阪呢。裡面主要是一些食物、飾品等東西，以《愛麗絲夢遊仙境》的女孩和兔子等主角為主題，想想其實這樣的設計頗吸引人，如果沒有那個矮門，很多人可能就這麼走著走著就錯過了吧？

 名古屋市中區大須2-20-25

日本三大觀音寺：大須觀音寺

　　943建議逛大須商店街時可以順便逛逛大須觀音寺。日本的佛寺和台灣的佛寺有點不同，也和日本的神社很不一樣，例如香爐旁的線香就和台灣很不一樣：首先，這裡的香是綠色的。其次，燒香要付費，投幣在旁邊那個看起來超古董的木箱子裡。第三，日本人認為佛寺的香撥到身上可以保平安，不付費買香沒關係，可以在香爐旁邊把煙「揮」到自己身上，什麼部位有病痛就揮到哪裡。

　　日本的佛寺還會有「護摩木」、「護摩棒」之類，有點像佛教版的繪馬，一旁備有毛筆可以自己寫上心願，祈求身體健康、學業事業進步、災厄消除等，但要花錢買，廟方會擇吉日祈福後燒掉。

德川幕府要地：名古屋城

　　名古屋城與大阪城、姬路城都是日本數一數二的古城，名古屋位於日本的中心位置，戰國時期此地稱為尾張，原本是織田信長的屬地，德川家康統一天下後，名古屋城成了德川家的堡壘，城內陳列著德川家的文物。城內有點像博物館，建議先搭電梯到天守閣，再一層一層往下走。

　　外頭另一個值得一逛的是2016年剛復築開放的本丸御殿，原本的本丸御殿古蹟在二戰時期被美軍轟炸，付之一炬。

　　幸好依考據重建達二十二年之久終於完工的新本丸御殿非常美麗，還可以聞到檜木的香味，進去參觀需脫鞋。用金箔裝飾的房間顯示當時權傾一時的德川家擁有豐厚的財力，這裡也是德川將軍與家人居住的地方。

日本新年初詣人氣神社：熱田神宮

為什麼日本的寺廟有些叫「神社」，有些叫「神宮」呢？神宮通常是和皇室有關，所以稱為「宮」，熱田神宮的地位更是不凡，因為這裡收藏著日本三大神器（草薙劍、八尺瓊勾玉及八咫御鏡）之一的「草薙劍」，但「草薙劍」不開放參觀，因此來到熱田神宮主要就是參拜。熱田神宮歷史非常悠久，解說上還記述了戰國群雄如織田信長、豐臣秀吉、德川家康等人來此參拜的事蹟，熱田神宮也是日本人新年第一次參拜的超人氣神社呢。

名古屋代表國民美食「世界的山將」

名聞遐邇的手羽先已經成了許多人到名古屋必吃的選項之一，尤其是「世界的山將」的分店開得到處都是，吃了覺得有點像台灣的真好家炸雞粉的味道，酥脆又多汁。

有一點辣的口感，但是不會嗆，其他菜色也有各式各樣，包括可樂餅、拉麵、丼飯等等，應有盡有。

超好吃的銅板美食：千壽炸蝦飯糰

提到名古屋的美食，943首推炸蝦飯糰啦！創始店千壽在大須商店街和名古屋中部機場都有店面，炸蝦炸得酥脆不說，蝦子的鮮美更是遠勝一般餐廳裡食之無味的炸蝦。

米飯還是採用越光米呢！很適合帶上飛機吃，即使冷掉也好吃！

一進門就超驚豔的名古屋史特林飯店

　　想住一間第一次一踏入大廳就「哇」一聲，好驚豔的飯店嗎？943第一秒進入這間飯店大廳時，原以為那是投影或超大的照片牆，定睛一看，才知道原來是巧妙地利用落地玻璃讓飯店後方的教堂夜景納為飯店景緻之一，真是很棒的點子啊！吸頂的水晶吊燈更是與窗外的教堂相互輝映，白天在藍天映照下更是脫俗美麗。這間是名古屋朋友推薦的，她說是名古屋眾多飯店中最喜歡的，親眼見到之後果然不同凡響呢，建議大家早上吃完早餐後可以到一樓大廳享受一下教堂的美景。

　　名古屋史特林飯店是2016年新開幕的酒店，評語還不多，但評價都挺高，最便宜時一晚只要2千多台幣。螢幕除了可看電視，還可以看最新的各國電影，歡迎畫面還有幾種背景音樂可以選擇，一進房間聽到很放鬆的音樂，感覺瞬間好像回到了峇里島villa的SPA間呢。衛浴設備包含按摩蓮蓬頭和花灑，備品也是專作高檔酒店的精緻品牌。

　　雖然位在鐵道旁邊，不過另一側房間不靠鐵道就幾乎都沒聲音。943住過靠鐵道這一側，隔音做得還不錯，所以也沒有感覺很吵，除非很敏感，否則比較好睡的人不容易醒，而且半夜也沒有電車行駛。早餐餐廳的酒杯水晶吊燈很酷，早餐不是buffet，主餐是由侍者送上菜單點餐後再由主廚製作，果然走品味路線！沙拉吧的選項並不多，但早餐的主菜非常精緻好吃。喜歡住精品飯店的朋友，可趁新開幕期間用特價入住，非常超值呢！

 愛知縣名古屋市中村區
平池町4-60-7

一日遊行程建議

超滿足精華版

09:30：名古屋城

11:00：熱田神宮

12:00：大須商店街 午餐 大須觀音寺 可逛一整天
如需補貨，從中部機場有免費接駁車可到AEON，車程約15~20分
鐘，或是搭電車只坐一站也可抵達。

金澤旅遊重點

一、推薦景點Top3：兼六園、和果子DIY 體驗、忍者寺。

二、金箔和有藝伎的茶屋街是特色。

三、近江町市場好好逛，海鮮好好吃，尤其生吃紅蝦。

交通方式

可搭廉航飛名古屋再搭火車，單程約6~7千日圓。或直接飛到小松機場，機場巴士車程約一小時可達金澤市區，票價約1100日圓。

網址：

www.hokutetsu.co.jp/airport-bus

金澤市區內的大眾運輸交通很方便，候車亭還有螢幕顯示公車現在位置的衛星地圖，很先進，即使不自駕也很方便喔。

全程可用城下町金澤周遊巴士往來，500日圓可買成人一日券任意搭乘至地圖中的範圍。

從金澤車站可從7號月台上車，購票在旁邊的交通案內所買票，也可拿繁體中文的地圖。

繁體中文官網：

http://www.hokutetsu.co.jp/tc

小京都：金澤

喜愛京都的歷史與傳統的人，多半也會愛上金澤！它是民間版的小京都，街上有好多傳統的町屋，很有古早味。雖然有傳統氛圍卻沒有京都的觀光人潮，很適合喜歡日本傳統文化的人士前來一遊。

943的一位日本朋友在金澤長大，曾在京都工作數年，她說京都是古時皇室所在地，金澤則是武士文化的代表。我想，同樣都是極有傳統風情的古都，京都有種皇室當仁不讓的氣勢，金澤則是比較平易近人的民間風情吧！金箔和有藝伎的茶屋街是金澤一大特色，最推薦海鮮好好吃的近江町市場，尤其要體驗生吃紅蝦喔！

好吃好逛的近江町市場

　　如果你問我到金澤必逛的是什麼？那麼943會回答：近江町市場！已經開業將近300年的近江町市場是金澤人的廚房，在這裡可以看到各式各樣的海鮮，包括最著名的加能蟹。加能蟹身上的黑點越多代表蟹肉越甜，蟹腳上的牌子也是身分的證明，有牌的加能蟹，價格上萬者比比皆是。不可錯過的是金澤最有名的甜蝦，甜到直接生吃也好好吃，也是到金澤強烈推薦必試之一！除了現點沙西米以外，也有海鮮現烤現吃，金澤的名物鰤魚沾味噌醬，味道真是一級棒啊！

　　由於市場裡賣的海鮮非常新鮮，所以不少店家也設置了桌椅、筷子和調味料，讓客人現點現吃海鮮沙西米，坐在漁獲攤子旁生吃海鮮真是很特別的經驗呢。近江町市場的小販還會用傳統的竹籃裝鈔票，找錢給客人，非常有特色。

　　近江町市場有間水果店，有名到連日本首相安倍晉三都曾造訪。店家把橘子肉挖空，再注入橘子汁，把橘子做成可以插上吸管直接喝的果汁杯，吸引不少人掏腰包，橘子汁很甜很好喝。

　　近江町市場滿滿的都是各式海鮮啊！算算價格，有些還比台灣的市場便宜，好想買來吃啊！市場內有間關東煮店，可立食。金澤最特別的關東煮是「梅貝」，有點像大size的田螺，一個350日圓，很好吃喔！「蝦天」則是包了蝦子的黑輪，一個200日圓。

　　若要買伴手禮，近江町市場對面有個「黑門小路」的名產店，裡面有賣各種金澤特產可盡情挑選，也有退稅櫃台可現場退稅。

漫步美麗河景：主計町料理料亭街

　　主計町和東茶屋街、西茶屋街並稱金澤的三大茶屋街，是昔日藝伎們往來頻繁之地，很適合散步、拍照。位在東茶屋街旁的主計町料理料亭街，河岸很有味道呢！沿岸的料亭老店夜間有照明，櫻花季時賞櫻也很美。

揪感心婆婆錢湯：桑名湯

　　在主計町旁有間當地人會去的錢湯，我在路邊聞到溫泉的味道才發現它的存在。向來對日本庶民文化很有興趣的943立刻進去錢湯看看，顧店的是一位老婆婆，很和氣，本來不知道我們進來要做什麼，但當我自我介紹說是台灣人，想要看看錢湯長什麼樣子，可能是因為第一次遇到跑進來探頭探腦的台灣人，她竟然微笑地從桌上的小冰箱裡拎了兩瓶咖啡牛奶送給我和同行的友人，怎麼推辭都沒用，真是揪感心呀！金澤朋友說咖啡牛奶是當地人泡澡完最愛喝的飲料。這種人情味真的比什麼奢華享受都令人難忘呀！「桑名湯」（kuwana湯），泡一次500日圓，含毛巾、肥皂之類的小用品。提醒大家注意泡澡禮節，大致和泡溫泉的注意事項差不多，請先在澡堂旁的淋浴處把身體充分洗乾淨再進入池子裡泡澡，不可穿泳衣或任何衣物、裏毛巾等進入浴池，在浴池中也不可以做諸如潑水、搓洗身體等會弄髒浴池水質的動作喔！請大家留意入浴禮節，因為大家在外都是代表台灣人啊！

重溫昔日藝伎風情：東茶屋街

　　東茶屋街是金澤最大的茶屋街，也就是過去藝伎會在筵席上表演的料亭老街。有間「舊涌波家住宅主屋」的老宅，是以前的質屋（當舖），可免費參觀，裡面有椅子可坐下來歇歇腿，還有wifi和洗手間可以借用，是很不錯的免費休息處。

　　943在這裡遇到一位曾經去過台南參觀烏山頭水庫（建造者八田與一技師是金澤人）的志工爺爺，他很熱心的介紹老屋的各種設施，有興趣者可與導覽義工爺爺們聊聊。

昔日武士的家：長町武家屋敷跡

　　武家屋敷跡就是過去武士的住處，也是過去中上階級武士的家宅遺跡，現在還有後代住著，範圍很小，所以很快就可以逛完。

　　APA Hotel的女社長元谷芙美子也有在這一帶置產，雖然她的祖先是農民不是武士，但是這個地段可是身分的象徵。也因為房子裡還有人住，所以遊客只能參觀遺留下來的長牆。這牆壁很有意思，竟然只有160多公分高。為什麼武士家宅大院的牆壁這麼矮？照這個高度，現代人要彎腰才能走進此門呢！這是因為古代日本人的身高不高的緣故。

　　至於古牆為什麼要吊上稻草呢？因為要防雪，下大雪的時候雪會浸濕泥土做的古牆，所以用稻草把雪隔離開。

石川縣政府提供

加賀百萬石的堡壘：金澤城

　　雖然金澤城現在只剩下城牆，不過還是整修得很美，進去可看到不同時期建造的城牆，石頭的堆砌工法就很不一樣呢！金澤城的城門也頗有看頭，巨大的梁木與城門上的金屬裝飾很有氣勢，如果是櫻花季時造訪的話會更美喔！

石川縣政府提供

石川縣政府提供

日本三大名園之一：兼六園

　　日本人到金澤最想造訪的前幾名就是名列日本三大名園的「兼六園」，與它並列日本三大名園的還有與水戶偕樂園及岡山後樂園。兼六園是江戶時代的大名（諸侯）在金澤城旁建造的庭園，歷經多任加賀藩主的修築，是造園藝術的極致。例如石燈籠是最有名的景緻之一，秋季的楓紅及冬季的雪景，也是非常適合造訪兼六園的季節。

　　入夜後，兼六園的夜景也十分美麗，冬季時為了保護園內樹木不被大雪壓垮，工作人員會爬上樹梢拋下繩束，做成三角形的防雪護木吊繩的保護傘，方便除雪，稱為雪吊，是兼六園的特殊景緻之一。雪吊到了春天就會拆下來，辛勤的工作人員戴上斗笠，與雪吊一起成了兼六園特有風情的景緻。

入館料

門票成人310日圓、兒童100日圓，65歲以上憑護照免費。如果在收費開放時間15分鐘前（3/1~10/15是早上6:45以前， 10/16~2/28(2/29)是早上8點）進入即免費，時間範圍是早上5:00開放~6:45截止，但早上6:45就要離開。兼六園很大，大約逛一小時比較足夠。

 www.pref.ishikawa.jp/siro-niwa/t_chinese

好吃又好玩的和菓子DIY體驗：石川縣觀光物產館

　　體驗和菓子DIY是金澤非常有趣的活動，地點就在兼六園斜對面的「石川縣觀光物產館」樓上。「石川縣觀光物產館」的一樓有賣各種金澤的名產，想得到的品牌在這都有，可以在去兼六園時到此逛逛。

　　和菓子的製作體驗課程需要事先報名，課程約在一小時以內，費用1230日圓，是在京都DIY和菓子的一半價格而已，包含自己DIY三個和果子，以及一個由達人做好的示範版和菓子，包裝盒、手套等製作工具。最重要的是還送一張可以到樓下買金澤名產的500日圓折價券，943在這裡買了540日圓的東西，使用這張折價券真的只付40圓日幣呢！

　　學習製作和菓子時，師傅會在台上示範每一個步驟，每一排桌子前面也會有特寫師傅手部動作的大螢幕，製作起來並不難，大家都做得好開心！原來和菓子是這樣做成的，非常有意思，推薦大家到金澤時去體驗一下和菓子DIY喔！

　　和菓子體驗線上報名：www.kanazawa-kankou.jp/wagashi/

金澤評價第一名景點：妙立寺

　　如果要943選出金澤必體驗的Top3，除了前面介紹過的兼六園及和果子DIY體驗以外，有「忍者寺」之稱的「妙立寺」是不可錯過的行程！忍者寺在tripadvisor上可是排名第二的金澤景點呢！但這間有將近四百年歷史的妙立寺非常神秘，裡面完全不允許拍照，規矩也很多，包括在寺內不可戴帽、不可交談、不可觸摸、不可脫隊……入場費用已

經漲到每人1000日圓，但遊客想要探訪這間機關重重的古剎的意願仍舊不減。妙立寺被稱為忍者寺是因為寺裡有很多機關，為什麼要有機關呢？當時德川家康剛統一天下，對於各地的諸侯都很忌憚，尤其是對加賀藩，金澤當時的加賀第三代藩主前田利常為了保住性命，不但讓母親（日劇《利家與松》裡的松島菜菜子）去德川家作人質、迎娶德川家康的孫女珠姬，還故意把鼻毛留得很長，裝瘋賣傻，好讓德川家放鬆對自己的戒心。1643年時還在他經常朝拜的日蓮宗寺廟內造了很多機關，以防止來妙立寺參拜時遭到刺客行刺，以及方便逃回金澤城。

　　寺廟裡不能拍照，也只有提供日語解說，並且不准口譯邊聽邊翻譯，但是會出借各種語言的資料夾，可以一面聽日語一面翻閱繁體中文的文字，報到時會詢問國籍，然後把外國人集中安排在暖爐旁邊，之後分成幾個小組分批分路線參觀。

寺中有許多機關，例如大廳中的賽錢箱其實是第一個陷阱，如果有刺客，只要把敵人引到賽錢箱的位置，就能讓對方掉進去，陷阱平常則以賽錢箱掩護。還有一個通往武士房間的樓梯，如果遇到危險就把敵人引來此處，讓刺客掉入樓梯底下有武士埋伏刺殺的房間。寺裡也有藩主專用的朝拜密室，一般人在大殿裡聽住持講道，藩主則出現在樓中樓的密室裡。

位在佛龕後方的秘密階梯是讓藩主遇到危險時可以逃走的地道，還附有卡榫讓門關上以後就無法打開密道的門。屋頂則是運用自然彎曲的木頭作梁木，以支撐金澤冬季落在屋頂的大量積雪。以及一間完全沒有窗戶的「四」疊大小的暗室（四＝死的諧音），是讓藩主萬一無法逃脫時切腹用的小房間。

最明顯的是一扇可從寺廟外部拍攝的樓梯，其實是一個刺殺外來敵人的陷阱，從外面看是樓梯，但從裡面看卻是可透光的紙門，藏身在寺裡的武士可看到外面的動靜，只要看到敵人從這裡經過，就會從樓梯內刺殺攻擊。參觀妙立寺需以電話報名，可請飯店人員幫忙打電話報名，或是到現場排隊。

妙立寺報名方式：www.myouryuji.or.jp/

服務親切精緻的人氣住宿：彩之庭飯店

　　這是間在tripadvisor上排名金澤第一的飯店，難得有這種在當地排名第一但是價格又非天價的飯店，由於新開幕不久設備還很新。風格很精緻，到金澤這麼有傳統風情的地方就住住看商旅以外的風格旅店吧！

　　櫃台設有座椅，入住時坐在椅子上填寫資料，不用罰站，是我對這個飯店的第一個驚豔。填寫資料時，櫃台還會奉上迎賓茶點——手拉胚陶杯及木盤，搭配包成紙花的小糖果，相當有質感。這不是住villa才有的待遇嗎？迎賓茶點——可是在金澤各大百貨都有專櫃的諸江屋落雁糖，一盒要1188日圓呢！落雁糖吃起來是什麼感覺呢？有點像小時候吃的口笛糖，但是味道細緻很多。

　　至於房間門口簡直就像一個小藝廊，金澤真不愧是小京都，給人非常精緻的感覺。房間擺設很雅致，首先看到的是床，再走進去是浴室，最裡面才是客廳起居室，也就是說房間和起居室各有一台電視，不用搶。床尾擺著男女有別的浴衣，會依據入住者的性別預先擺好，頗為用心。右邊的竹籃是去湯屋時可以帶的置物籃，裡面還有一塊石川縣特產醫王石製作的小肥皂和小手袋，還有小點心也是在地名產。浴室和洗手台、廁所是分開的，很乾淨。溫泉粉、泡澡香包和香皂都是石川縣的特產。備品還有金箔的溫泉粉，非常特別。

　　浴室特地開了一個小窗可以看到起居室的電視，小窗也有簾子可拉上。冰箱上的茶包組合、有附一瓶白山的礦泉水，還貼心的準備了泡茶計算時間的小沙漏，讓人感覺很用心。

　　起居室的電視可以看最新的電影,雖然沒有字幕,不過就看看吧!早上的lobby有座位可以等候同行友人,可以欣賞石川縣的加賀友禪和服、漆器、金澤和傘等工藝及窗外的景緻,還有一間放滿各種金澤旅遊資訊、可以使用電腦、上網、影印的小辦公室,連當地的天氣和氣溫都寫在白板上,揪感心啊!

　　彩庭飯店的早餐很不錯,食材新鮮,料理得好吃,除了有金澤咖哩、金澤牛丼(特色是加了紅椒)以外,早餐還有冰淇淋和甜點吃到飽!算算這樣住宿費兩人4千台幣實在很超值呢!吃早餐時看四周的客人幾乎都是日本客,大多是家庭旅行和情侶居多。雖然位置有點偏遠,但是在金澤JR站有定時接駁車(九人座小巴,會核對住客名單、官網有時刻表),在車站旁還有住客專屬的免費置物櫃,可省下車站內置物櫃費用至少500日圓。

 日本石川縣金澤市長田2-4-8

金澤名物報你知

烏雞庵：金箔冰淇淋

　　許多人到金澤最想狂嗑的就是金箔冰淇淋啦！有些店是片狀、有些是撒金粉。烏雞庵的金箔是散狀的，可是因為是用烏骨雞雞蛋做的，口感非常濃郁綿密，回味無窮。有金箔的700日圓，沒金箔的500日圓。東茶屋街上的片狀金箔冰淇淋則是891日圓。

　　不可錯過的是許多人大力推薦的「烏雞庵」蛋糕。它使用烏骨雞的雞蛋，蛋黃有彈性到可以用筷子夾起來，吃起來很像沒有蜂蜜搶走蛋香味的蜂蜜蛋糕，口感綿密，咬下去後勁十足，是天然的鮮甜味。有許多種口味，不過還是原味的最好吃。

俵屋麥芽糖

　　鼎鼎大名的半澤直樹在劇中的設定是金澤人，有次半澤的妻子小花（上戶彩飾）回婆家探望婆婆，回大阪時就帶了這間俵屋的麥芽糖。和台灣的麥芽糖有點不一樣，有很濃的大麥味道，是古早時期金澤人為了補充奶水不足而給幼兒添加的副食品。俵屋是具有將近兩百年歷史的老店，是金澤人小時候很懷念的味道呢！

螃蟹味噌甲羅燒

「螃蟹味噌甲羅燒」這道菜是用蟹殼盛裝蟹黃、蟹肉、蛋黃、蔥在酒精燈上慢燒，非常好吃！「螃蟹味噌」日文的意思就是「蟹黃」，所以這道菜裡並沒有味噌。一小盤約1000日圓。

能登豬肉

能登豬肉也是金澤名產，是用能登豬肉及當地蔬菜做的沙拉，這兒的能登豬肉非常軟嫩，軟得好像和牛那樣的口感，943甚至覺得口感比能登牛還好，簡直是驚為天人……不，應該是驚為天豬才對，真是太好吃啦！

二日遊行程建議

第一天　超輕鬆悠閒版

早上：近江町市場，午餐在市場解決。

下午：1pm 主計町茶屋街、2pm 東茶屋街、4pm 長町武家屋敷遺跡。

第二天

早上：金澤城、兼六園

下午：1pm 和菓子DIY體驗（觀光物產館）、3pm 忍者寺、4pm西茶屋街。
若要購物，金澤的百貨公司不是很多，可以逛的有金澤車站旁的forus。
近江町市場對面的M'ZA、黑門小路裡有很多名產店。或是商業區的香
林坊有大和百貨跟109百貨（離武家屋敷很近），不過金澤藥妝價格比
名古屋高一些，若從名古屋轉機，建議回名古屋再購買。

從**大阪**延伸至**三重縣**

三重縣位在大阪和名古屋中間，無論從大阪或名古屋進出都很方便，
只要用價格和關西三日券相仿的近鐵五日券廣域版五日券，
就能多玩兩天還能一路玩到名古屋！
位在奈良隔壁的三重縣也是日本人大推的旅遊勝地，
不論是忍者、海女及日本遊客大推的鳥羽水族館都很有特色，
相當值得從大阪、京都延伸到三重縣一遊。

交通方式

　　近鐵周遊券廣域版五日券：暢遊三重縣的利器，可以玩遍大阪、京都、奈良、三重縣（含伊勢志摩）、名古屋的近鐵周遊券廣域版五日券，只要5860日圓。和關西周遊卡三日券的價格（5200日圓）差不多，但卻可以用五天。等於京阪神中，只犧牲神戶卻能多玩三重縣和名古屋。

　　943建議這張券尤其適合避開關西機場排隊入關人潮（常得等上一個小時），可以訂廉航從名古屋進，大阪出，一次爽玩名古屋、三重縣、大阪、京都、奈良。雖然2016年十月份之後這張Pass就沒有推出特急券了，不過還是可以搭急行的電車。以及在三重縣境內搭所費不貲的三重交通巴士、鳥羽海鷗巴士也是可在期限內無限次自由搭乘。這張券可以在台灣購買，也可以到機場購買。

✈ 美食之都：大阪

大阪是日本有名的水都，江戶時代被稱為「天下廚房」，來到這裡，美食絕對是必備行程。走進道頓崛的巷弄，各種庶民美食應有盡有，是老饕的天堂。

大阪排隊美食：元祖串炸

到知名的道頓崛逛街，可先來吃有名的元祖串炸，還不到用餐時間，門口就已排了好些人。負責在門口點菜的老伯很和氣，雖然英語不是很通，但是很熱忱的招呼每一位客人。來吃串炸一定要注意的是桌上的沾醬是共用的，只能在還沒吃過時沾一下，咬過就千萬別再回沾啦！店內有中文菜單，招牌是元祖牛肉串，120日圓，單價不貴，炸得很酥又不油膩，時間拿捏得正好，可挑喜歡的口味試試。

活潑店員和你玩：鐵板神社

道頓崛元祖串炸隔壁有間很特別的「鐵板燒串燒」，也就是用鐵板燒做串燒。前十名人氣排行榜中第二名的蝦子麵包既酥又好吃，豬肉卷蘆筍和蝦子都不錯，牛肉則還可以。廚師們很活潑，炒的功夫還不錯，若預算足夠可嘗鮮，店內有中文菜單。

 www.teppan-jinjya.com/

交通方便又較便宜的APA Hotel天滿

　　大阪不一定要住心齋橋，住天滿APA的好處是：比心齋橋APA便宜，離國內線伊丹機場較近，從關西空港直接搭JR就可以到，不用拖行李瘋狂轉車。APA hotel可以集點，價格算低但品質卻沒有廉價的感覺。一個人頗為好住，除了加濕器以外，商務旅館該有的設備都有。天滿APA的大眾池溫泉溫度很夠熱，非常具有消除疲勞的效果，適合走了一整天路的旅人，泡一泡小腿都不痠了呢。

　　一般人對APA早餐的評價都是既豐盛又好吃，冷熱飲種類也不少，而且在各地的早餐都有一道當地料理，例如大阪APA的早餐會有章魚燒，到了沖繩APA就會有沖繩苦瓜。

 大阪市北區同心2-16-15

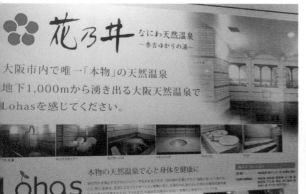

可在大阪市中心泡溫泉的花乃井Super Hotel

　　Super Hotel是相當物超所值的連鎖商務旅館，這家Super Hotel的重點是在大阪市中心可泡從地下鑽鑿的天然溫泉，不是一般飯店的熱水浴池喔！逛街一整天泡溫泉，可以舒緩疲勞。

　　Super Hotel新館的每間房間都有微波爐，這對預算超低的旅人很重要，自己煮可以省下很多伙食費。早餐要另外收費七百多日圓，不過早餐時刻這些飲料機是可以免費暢飲。若想省錢的朋友可以自行準備早餐，前一日買好，早上使用房中的微波爐加熱即可。

大阪府大阪市西區江戶堀3-6-35

關西機場省錢過夜方式

KIX AIRPORT LOUNGE

　　關西機場第一航廈二樓北邊有個24小時開放的休息室KIX AIRPORT LOUNGE，是可以淋浴及過夜的好地方。類似網咖，可以上網，但無法在座位中平躺。休息室使用費用為每15分鐘310日圓。淋浴室使用一次510日圓，沐浴時間一小時，熱水供應時間為15分鐘。只要告知櫃台人員需要淋浴，就可以拿到吹風機、浴室鑰匙及熱水淋浴代幣，浴室裡有洗髮精及沐浴乳，只要投入代幣就會有熱水可以洗澡，結束後再結帳即可。毛巾216日圓起。
www.kansai-airport.or.jp/tw/service/relax/

REFRESH SQUARE

　　在第一航廈對面Aeroplaza的2樓有間REFRESH SQUARE，裡面有個人及團體休息室，一人或與全家、旅伴都可一起休息，還有免費飲料。費用是休息四小時內每半小時260日圓，四小時以後每30分鐘150日圓，比KIX AIRPORT LOUNGE便宜。如有 KIX-ITM Card者打五折。記得要提早去，有時十點多就客滿囉！
KIX-ITM Card：www.kansai-airport.or.jp/kc/index.html
REFRESH SQUARE網址： www.kansai-airport.or.jp/tw/service/relax/
refreshsquare

✈ 緊鄰奈良的好地方：三重縣

位在大阪和名古屋中間，用和關西三日券價格相仿的近鐵五日券廣域版五日券就能多玩兩天，還能一路玩到名古屋！五日券包含大阪或名古屋機場的來回兌換券，連機場交通都一起搞定了！

旅遊重點

一、忍者和海女是很棒的特色和當地文化，值得體驗。
二、鳥羽水族館水準極高，人人都說讚，適合親子遊。

日本人氣觀光勝地：
湯之山溫泉、Aqua Ignis片岡溫泉

湯之山溫泉有這樣的地方——有美人湯之稱的溫泉、極富設計感的環境，還有日本頂尖的甜點及義大利麵，看似夢幻的組合，在距離湯之山溫泉站徒步十來分鐘的地方，就是複合式餐廳Aqua Ignis。來此除了可泡極療癒的竹林風呂溫泉，泡完後在廣大的空間裡倚著懶骨頭稍事休息，就可以搶第一個排隊品嚐曾在「料理鐵人」中奪冠的甜點職人辻口博啟創作的美味蛋糕，及名列世界料理千人榜的奧田政行的義大利麵。在餐廳周遭種植的是作為食材的有機作物，結合有機、在地、溫泉、國際級名師，也難怪這裡是令日本人趨之若鶩的度假新名所了。

www.aquaignis.jp
三重縣三重郡菰野町4800-1

免費又好玩的齋宮歷史體驗館

　　位於伊勢附近的齋宮，是古代天皇派駐皇女在此以代替父皇祭祀祖先的地方，此處最大的賣點就是「齋王」，也就是身負祭祀重任的公主，古代只有未婚的皇女可以擔任此職務。

　　一出齋宮火車站，就可看到占地廣大的歷史遺跡，被分成格狀的土地正是一千多年前為了服侍公主的各行政單位。

　　943建議如果時間足夠，例如一整天都待在齋宮的話，可以先逛外面的歷史遺跡及重建的平安之社，甚至稍遠的齋宮歷史博物館。如果只有半天，那麼一定要去齋宮周邊最有意思的景點──歷史體驗館。

用京都1/3價體驗平安時代公主禮服「十二單」

可體驗日本公主服飾的地方可不只是京都，943非常推薦到齋宮火車站隔壁的「歷史體驗館」，這裡可以試穿體驗平安時代公主的禮服「十二單」，這是要由專人服侍一層一層穿上十幾二十層名稱為單衣、五衣、打衣、表著等絲綢衣物，越外層越豪華，全部穿上時總重達十公斤，全程約四十分鐘。

齋宮的十二單體驗料只要5500日圓，是京都的三分之一價格，非常實惠。付費體驗除了女性的「十二單」外，男士則可體驗平安時代的裝束「直衣」，以及小孩的古裝「水干」、「細長」、「汗衫」。如果不想花錢，館內除了免門票，其他體驗設施也全都免費，包括試乘皇室轎子及宮廷室內遊戲，還有可以免費體驗自由試穿的小袿，是皇室居家簡便的衣著，目前遊客還不多，可以盡情試穿拍照喔！

www.itukinomiya.jp/

津市私房美食：空麥烏龍麵

　　這間距離津車站不遠的烏龍麵是當地人的私房美食，850日圓的黑毛和牛烏龍麵用的是和牛，軟嫩得不得了！烏龍麵極有嚼勁，更特別的是柴魚湯頭，光是香氣就令人十分難忘，入喉更是順口，大推！老闆是對美食非常堅持的頑固老闆，堅持現點現作，等這碗麵要將近一小時，但十分值得。

　　三重縣熊野產的橘子酒也是品嚐重點。晚上這家烏龍麵店會搖身一變為居酒屋，得早點去，否則會搶不到位置喔！

三重縣津市羽所町633
電話：059-224-4991

會唱歌的松阪牛火車便當

　　在「松阪肉」幾乎成為軟嫩肉品代名詞的今天，到三重縣不可錯過的就是到松阪站吃松阪牛啦！如果不想大傷荷包吃貴貴的松阪牛，到松阪車站買有松阪牛的便當，可說是最經濟實惠的方式了。這家專門在松阪站月台上賣火車便當的「新竹商店」，賣點除了人氣很高的松阪牛「元祖牛肉便當」，還有日本第一個會唱歌的火車便當——牟太郎便當（モ一太郎弁），一打開牛頭形狀的便當蓋，內部暗藏的IC裝置就會因感光而自動播放音樂。

　　還有一款「松阪牛便當」竟然還裝了機關，只要用手輕輕一拉，便當就會自動加熱呢！

 www.ekiben-aratake.com/item/motarou/

房內有按摩椅的超值住宿：
津西豪庭商旅

　　有些房型有按摩椅，功能還算不錯，可以在自己的房間裡盡情按摩，不必像一般溫泉旅館必須在公共區域顧忌旁人的眼光，非常舒服！再加上電梯旁有免費自取的各種浴鹽，可以在自己的房間浴缸裡泡個舒服的澡，徹底解決旅行的疲累。

　　房間內的明信片有小驚喜喔！這間在tripadvisor上的評價有4分，還算不差，距離津車站也不遠，徒步十分鐘左右可到達。

✈ 日本第一巡禮聖地：伊勢

　　位在大阪和名古屋中間，用和關西三日券價格相仿的近鐵五日券廣域版五日券就能多玩兩天，還能一路玩到名古屋！五日券包含大阪或名古屋機場的來回兌換券，連機場交通都一起搞定了！

旅遊重點

一、供奉日本天皇祖先的伊勢神宮地位崇高，為日本人及觀光客
　　必去景點。

二、伊勢神宮內宮一出來的托福橫丁，美味小吃不容錯過。

三、造訪當地人限定的美味餐廳「滿腹食堂」，體驗超高CP值。

地位崇高的伊勢神宮

伊勢神宮是供奉日本天皇祖先的地方，地位非常崇高，不開放拍照，也不是讓民眾祈求事物的廟宇。伊勢神宮地位真的不是一般神社可以比擬的啊！很多日本人從外面的鳥居就開始鞠躬，通常外國旅客都只參拜內宮，內宮和外宮距離不算近，若要從火車站走到外宮大約十多分鐘，但若要再走到內宮則有好幾公里，最好搭乘Can巴士直接抵達內宮。

內宮一出來就是托福橫丁，有很多小吃攤。外宮參道則是有不少餐廳，可以坐下來飽餐一頓。

好逛又有江戶風情：托福橫丁

　　伊勢神宮內宮前方的熱鬧街道是厄除橫丁，但是最有意思的店大都在丁字路轉彎的那條托福橫丁。無論是吃的、用的、紀念品，看起來都頗精緻又吸引人。托福橫丁的店家還有賣「托福犬」概念設計的各種商品。

　　伊勢神宮是日本人一生中必去朝拜的神聖之地，相傳古早時期許多住在外縣市的民眾想要前往伊勢神宮朝拜，卻又必須留在家鄉顧及生計，只好讓自己家裡飼養的狗繫上錢幣或繩子當作代表，跟著村里要前往朝拜的鄰人到伊勢神宮朝拜，因此「托福犬」就成了伊勢神宮商店街諸多紀念品的象徵之一。其實「托福橫丁」是當地名店「赤福」招商經營的，能在此開店的店家都要符合一定的品質標準和風格，難怪這條街這麼好逛呀。

www.okageyokocho.co.jp

騎單車悠閒逛河崎倉庫老街

河崎以往曾有「伊勢市的廚房」之稱,河邊有許多倉庫,現在許多老倉庫都已活化改經營居酒屋、商店等,很能發思古之幽情,是完全不用門票又原汁原味的老街。騎單車在老街晃晃很愜意,但要小心來往車輛喔!

伊勢神宮外宮參道美食巡禮

伊勢神宮內宮與外宮雖有一段距離,但外宮參道距離火車站比較近,也有許多知名美食呢!

古樸又可愛的山村牛乳

www.yamamuramilk.co.jp/milk-school.shtml

這家非常具有復古兼可愛風格的小店,是許多觀光客忍不住停下來又吃又拍的好地點。創立於大正八年,將近有百年歷史。無論是鮮乳、咖啡牛乳、布丁、冰淇淋都是奶味十足,也都非常有人氣,有時還要排隊呢!

比台灣還便宜吃到飽：勾玉亭

　　這間位在外宮參道轉角處紀念品店「豐恩館」樓上的吃到飽自助餐非常超值，午餐九十分鐘內吃到飽，只要含稅1620日圓！這個價格光是在台灣就很無敵了，何況這裡是物價高的日本哪！晚餐要2376日圓但沒有限時，論C/P值當然要選午餐囉！

　　重點是菜色90%都滿好吃的，又是使用當地的新鮮食材，每日都有變化，和食、洋食、海鮮、甜點、飲料等都有，不必多花錢嘗鮮就可以品嚐伊勢、志摩的當地鄉土料理（例如不太建議特別花錢去吃的「伊勢烏龍麵」，因為很沒嚼勁）。服務人員非常有禮貌，是一間花小錢消費就能感覺自己像貴婦的店。

 www.senokuniya.co.jp/houonkan/

超juicy的豚捨可樂餅＆豬排

　　「豚肉」的日文是豬肉的意思，豚捨就是捨棄豬肉改賣牛肉之意。牛肉可樂餅是超人氣商品，一個才100日圓，但是炸得非常酥脆，內餡的馬鈴薯泥調味雅致，不會過鹹，943認為比一些金獎可樂餅還好吃。

　　不過雖然名為「豚捨」，標榜的也是伊勢牛肉，但這裡的豬肉料理還是很不錯，例如豬排飯的豬排就是外酥內嫩又多汁，肉排竟然一咬就斷，竟然才980日圓，便宜又好吃，果然是鄉村才有的物價。也可以嚐嚐四日市的名產Donteki，是類似英國酸甜醬油的豬排飯。

 www.butasute.co.jp/

用平價體驗貴婦早餐：伊勢關谷あそらの茶屋

　　外宮參道上有間門口有小孩騎狗塑像的店，二樓就是日本貴婦很喜愛的鮑魚粥餐廳。這間店無論在tripadvisor或tabelog上都有極高的評價，用餐環境、餐具和調味都十分高雅。

　　不少日本貴婦來伊勢神宮參拜前喜歡先來此享用早餐鮑魚粥，用的是與敬獻給神明同樣等級的鮑魚，高湯也十分香醇，溫泉蛋入口即化，當地的山椒辣得很有勁，白粥儘管沒有調味卻非常好吃，還可以續碗。

　　最特別的是鮑魚粥套餐送上桌時是用雅致的大木箱盛著，非常具有高級感，當侍者打開木箱蓋子的那一剎那，每一桌都發出「啊！」的驚嘆呢。

 www.sekiya.com/shops/honten

伊勢名物：赤福 紅豆麻糬

 www.okageyokocho.co.jp

　　到伊勢神宮無論是外宮還是內宮參拜，很難不注意到赤福各分店排隊的人潮，誰叫赤福是具有三百多年歷史的老店呢！到伊勢神宮參拜後買赤福餅已經是許多日本人家的傳統了。

　　紅豆泥既甜美又綿密，被包裹的麻糬也是QQ、軟軟，搭配綠茶正好，難怪是伊勢名物呢。

百年懷舊氣氛：日之出旅館

　　如果你想嘗試住在日本百年老旅店的感覺，這間在各大訂房網站上評價都很高、深受文青喜愛的日之出旅館，就位在伊勢市車站旁，從旅館走出來不遠便是伊勢神宮的外宮參道。它創業已有百年，建築65年，非常具有懷舊風，大浴池和二樓的洗手台非常復古，還有第一代的按摩椅，但洗手間全都翻新且非常乾淨。旅館人員非常和氣又熱心，可以免費借出腳踏車到附近的外宮參道、河崎倉庫老街、鄰近超市走走。

　　但房間是衛浴共用的雅房，不介意便利性的話再選擇入住。

www.hinoderyokan.jp/
三重縣伊勢市1-8-35

當地人才知道的超大碗人氣美食：
滿腹食堂

如果你厭倦了無論怎樣做功課，在中文世界裡找資料永遠只能找到擠滿台灣及香港觀光客的餐廳，那麼可以考慮造訪這家目前還不多外國人知道的店。這家位在宇治山田車站旁的小店「滿腹食堂」，是當地學生非常喜愛的一家C/P值超高的小吃店，丼飯不但只要日幣五六百圓，非常大碗，即使是飢腸轆轆也能填飽肚子，而且不是吃粗飽，而是非常好吃。

這裡最受歡迎的是炸雞丼，超大一碗只要630日圓，炸雞酥脆又多汁，調味又好吃，是許多伊勢人最愛的兒時回憶。這間店也在美食漫畫中出現過，知名app「tabelog」評分高達3.5分（日本人標準超高，3.5分以上通常就是很推薦的名店了）！另外親子丼也不錯吃，一大碗630日圓。

這間店由於生意興隆，已經把鄰近幾間店面都包下來，如果店裡坐不下，可以自行走出後門到美食街走廊外面的包廂坐下來點餐，非常特別。

www.tabelog.com/tw/mie/A2403/A240301/
24000115/
營業時間11:00～20:30

✈ 日本第一巡禮聖地：鳥羽

　　海女的故鄉鳥羽，讓看了日劇《小海女》的觀眾紛紛慕名而來了解海女文化。這裡不但有美麗的無敵海景可看，水族館更是朝聖景點。

旅遊重點

一、參訪評價超優的鳥羽水族館，與一千多種海洋生物相見歡。

二、品嘗海女親手捕捉的生猛海鮮，海女服特色體驗。

三、超酷近鐵「集」觀光列車，車上的吊床、可愛玩具不容錯過。

日本人評價一級棒的鳥羽水族館

鳥羽水族館也是全日本首屈一指的海洋生物館，去過的人都讚不絕口。館內有一千多種、超過三萬多隻海洋生物。不僅館藏豐富，表演的趣味度也令人讚賞，就連平時對海洋生物沒什麼興趣的人，也能因為精心設計的表演橋段，而在此找到樂趣。例如海獺的表演非常可愛又逗趣，不但會表演「跳高」，海獺還會聽飼育員的指示做動作呢！

鳥羽水族館最知名的是美人魚「儒艮」，據說就是讓水手誤認為美人魚的海中生物，這也是日本唯一看得到儒艮的水族館。943建議早上時來鳥羽水族館，有很多可愛動物的表演，包括海獺和海獅表演，都非常有趣，很適合親子遊喔！半室外的地方有個可以「摸魚」的區域，很推薦帶小朋友來此，有巨大的水族箱可以讓人用手接觸海中生物，就是「摸魚」啦！包括體驗被章魚吸盤輕輕吸住手指的感覺，很特別，一旁就有洗手台可以把手洗乾淨，很貼心的構想！

入館料

成人門票2500 JPY，中小學生1250 JPY，3歲以上幼兒 630 JPY
如出示近鐵周遊券，成人票折價為2200日圓、中小學生1100日圓、幼兒550日圓
年中無休，每日9:00~17:00

 www.aquarium.co.jp/

BBQ和海女服體驗：兵吉屋 海女小屋

　　兵吉屋、海女小屋，是943在前往三重縣之前最期待的景點。目前全日本擁有最多現役海女的就是三重縣的志摩，占了全日本一半的人數。

　　「兵吉屋」海女小屋是鳥羽相差町規模和面積最大的海女小屋，還有免費wifi呢！預訂海女燒烤可在海女昔日工作休息的小屋裡品嚐海女徒手下海捕撈的扇貝、鮑魚等海鮮燒烤，海女BBQ料理價格5000~9000日圓，7000日圓還可以吃到伊勢龍蝦呢！都要事先預約。

　　海女的工作是非常不容易的，工作時會穿上白色的工作衣，以前沒有潛水衣的時代就是這樣下水，現在有潛水衣保暖後則要戴上鉛塊才沉得下去。長得像救生圈的是類似浮標的功能，底下連著網子放捕到的海鮮，由於女性皮下脂肪較厚，較能耐寒，通常都是女性下水捕撈（稱為海女）、男性操舟（稱為舟人）在船上等待，海女們閉氣潛水下海捕撈，每次大約五十秒左右，每天要下潛數十次，每年五到九月是抓鮑魚和海膽的季節，十一至十二月則是海參和海螺，春天就是撈海帶，一到三月因海水太冷故休息。

　　每天早上八點到九點半是海女們的工作時間，捕到漁獲就拿到市場上去賣，再把漁獲送到漁市場去賣，補貼家用。上岸之後，海女們就會在海女小屋裡生火烤蕃薯，恢復體溫。

　　這邊的海女都是好可愛的婆婆啊！她們的「帶頭大姐」是很有名的禮子婆婆，她是海女會長，也就是相當於「小海女」劇中夏婆婆的角色，今年八十多歲了，十歲時就閉氣徒手潛入海中成功抓到人生中的第一隻鮑魚。禮子婆婆人氣很高，紅到出了一款禮子海女御守呢！

 www.amakoya.com/asarihamakamado.htm

免費參觀海女文化：相差町海女資料館

　　想要了解海女文化，可先到這個免費參觀的資料館走走。館內陳列了古時海女在沒有穿防寒衣的狀況下繫繩潛入海中捕撈的模型及工作道具等，古早使用的面鏡等，還有可讓民眾體驗拿著工具體驗挖取貝類手感的工具等，以及拍攝海女工作的攝影展。如果遇上下雨，也可到此免費外借雨具喔！

 www.amakoya.com/asarihamakamado.htm

庇佑女性超靈驗：神明神社＆慈母石神

　　在台灣通常每間廟都有自己的屬地，但在鳥羽相差町的神明神社卻是數個神社及宗教團體聚合在一起、類似美食街概念的神社，十分有意思。進入神明神社的鳥居後，首先會看到祀奉稻荷大明神的紅色鳥居，是祈求農漁商業繁盛的所在。隔壁是白色的「慈母石神」，供奉的是神武天皇的母親，相傳其父是日本神話中的海神綿津見。慈母石神是當地海女們信奉的神明，據說專門守護女性，十分靈驗，可以把自己的姓名和願望寫在神社提供的小紙張上，已有當地朋友的願望實現了呢！很多前來參拜的遊客都會購買慈母石神具有驅魔作用的井字格紋及星星印記的麻布護身符回去，這也是海女繡在帽子上作為庇護的圖案。

　　越過忠靈社和藥師堂兩間小廟後，最裡面的神明神社是敬拜天照大神，當地居民在此遙拜皇居及供奉天皇祖先的伊勢神宮。神明神社和慈母石神屬於不同組織，販賣的御守也不相同。神明神社在六月和十二月時會提供人形小紙片，投幣後先摸小紙人的頭、胸、腰，最後再往小紙人身上吹氣3次，就是象徵把自己的病痛吹走囉！夏日至此還可以走走「茅之輪」祈福，只要照著旁邊指示牌的說明，以「8」字形跨走「茅之輪」，傳說這樣即可消災解厄。

超便宜海陸大餐：浜の雅亭一井 飯店

住鳥羽可挑有專車到鳥羽車站接送的住宿。

濱之雅亭一井除了車站接送外，還有個不錯的服務就是有專車接送到海女小屋，只要事先和櫃台預約時間，不必與其他客人同車，就可以和同行友人一起搭飯店的九人座巴士前往海女小屋。住客只要預約，就有專車可到鳥羽車站接送，免費專送車可以帶每位住客到海女小屋。

鳥羽由於近山靠海，充滿山珍海味，一泊二食只要每人五千日圓含生蠔、伊勢龍蝦、有牌生蠔、活鮑魚、三重縣和牛……物美價廉，果然要到三重縣才有這種價格！

 www.japanican.com/tw/hotel/detail/6111007/?ar=24

逛鳥羽特產中心，泡免費足湯

在鳥羽車站斜對面的海邊，有個當地特產中心可以逛逛，望海處還有免費足湯可以泡腳。尤其在逛了一整天的鳥羽水族館等景點後，在鳥羽車站等候飯店接駁車前可來此給辛苦一天的腳泡泡五分鐘的溫泉，消除疲勞的效果很好呢！

有吊床的近鐵「集」觀光列車

　　這是大朋友、小朋友都會愛上的觀光列車！因為車上不但有好多玩具，可以面向窗戶，車廂裡還有吊床！這班超級卡哇伊的「集」列車是從伊勢市開往賢島的觀光列車，只有週六、週日才會每日行駛來回各兩個班次。總共三節車廂，其中第一節車廂前半都是兒童遊戲區，有好大的球池，還有給小朋友模擬當列車長的駕駛座位，可在此拍照過足乾癮。火車上還設有兒童零食專賣區，價格也不貴，真是充分滿足小孩的夢想之旅啊！

　　座位數只有八十席，全程約一個小時，小小孩可在車上玩玩具、包括各種海洋生物的娃娃，烏龜、海豚、企鵝、鯊魚等。大一點的小孩可以和爸媽四處拍照留念，這下在火車上玩也不會被罵了，只怕小朋友玩到不想下車呀！

　　車上免費提供可蓋紀念章的杯墊，紀念品是貼紙。目前沒有太多台灣人知道，車上人非常少，一點也不會擁擠，尤其943是搭週日最後一班伊勢往賢島的班次，與日本週休觀光客的路線錯開。但是這班列車實在很酷，未來想必會夯到不行，趕快趁人潮湧入之前先睹為快吧！這班觀光列車需要支付一般車資和觀光列車料金，前者就是普通車廂的車資，後者是大人300日圓，小孩150日圓。如果使用近鐵周遊券就可以不用付一般車資，但需事先在近鐵有特急券發售窗口的車站購買觀光列車的車票。

✈ 忍者的故鄉：伊賀

　　位於三重縣西部的伊賀是伊賀流忍者的發源地，讓943十分期待能一睹真人版的忍者！伊賀的另一名物是伊勢牛，品嘗之後真的是物超所值，令人不虛此行。

> **旅遊重點**
> 一、直擊日本文化中最神秘也最迷人的忍者奧妙。
> 二、在超酷忍者列車中捕獲野生的忍者。
> 三、全日本最高石牆的上野城巡禮。

小心忍者出沒的超酷忍者列車

　　無論你是不是忍者迷或鐵道迷，943建議到伊賀上野很值得搭看看知名的忍者列車，車廂內雖然裝飾不多，但低調的忍者就是會出其不意出現在行李架上，伊賀上野車站月台的欄柱上也躲著忍者，和車頭一樣，都是必拍重點。

好玩的忍者博物館：伊賀流忍者博物館

　　伊賀上野市車站徒步十分鐘之處有個類似忍者博物館，周圍還有忍者秀表演、忍者傳承館、忍者的家（忍者屋敷，有重重機關）、忍者體驗館可以參觀。

　　阿修羅忍者特殊軍團每天表演的節目都會有變化，表演的是伊賀流的忍術（甲賀則在隔壁的滋賀縣）。在這裡演出的都是真正的忍術修習者，他們說其實忍者主要的任務是刺探情報，不像電影裡演的那樣常常殺人，有位女忍者還是立志破除外界對忍者的錯誤印象而加入修行行列。

　　忍者表演秀旁的「忍者之家」可參觀忍者小屋裡的重重機關。在伊賀上野周邊的鄉間，過去曾居住許多忍者，這間小屋以前也是忍者的住家。一般忍者住家都會有兩三個機關以備不時之需，不過這間忍者小屋為了方便遊客認識忍者文化，特地設置了九個忍者家裡常見的機關。

例如旋轉暗門就是電影裡會有忍者忽然出現的機關，還有隱藏樓梯，平時樓梯隱藏為樓板，緊急逃脫時就可以把樓梯放下來逃生。木地板底下藏金銀或武器，方便取用又有機關不容易被撬開。現場人員講解大約十來分鐘，如果聽不懂可以發問，機關可以觸摸。有些大小朋友的遊客在伊賀上野站旁或觀光案內所就租了忍者服換上，到這裡體驗忍者的機關，過足忍者癮呢！

　　一旁的忍者體驗館，陳列很多古代忍者使用的道具，例如圖解「水蜘蛛」如何讓忍者在水上行走。還有解說忍者如何用貓的瞳孔隨著陽光縮放的幅度來判斷時間，忍者們一般都吃素，用意是不讓身上散發體味，不容易被敵人發現。總之，忍術綜合很多學問，包括心理學、物理、化學等等現代知識，值得仔細觀賞。

入館料

成人門票（高中生以上）756日圓、小孩門票（4歲至國中）432日圓
如果出示近鐵周遊券有折扣：成人只要594日圓、小孩324日圓
開館時間：9:00～17:00，每年12/29～1/1休館。

 www.iganinja.jp/

擁有日本最高石牆的伊賀上野城

從忍者博物館徒步五分鐘，即可抵達伊賀上野城。
這是擁有全日本最高石牆的古城，1603年由藤堂高虎
所建。可付門票500日圓上去天守閣眺望周遭，天守閣
古意十足，天花板上還有一幅價值兩億日圓的名畫「滿
月」呢！

當地老饕激推：夏康咖啡牛丼

　　這間位在伊賀上野車站隔壁的咖啡店，光是以古典音樂名曲〈巴哈夏康舞曲〉當作店名，就很有文青的感覺。這家擁有將近四十年歷史的老店不但是一間很有懷舊氛圍的咖啡館，咖啡好喝、順口不澀也不過苦，店內的牛丼也是遠近馳名，是當地老饕的私房名單。

　　其中Premium牛丼是用伊勢牛和伊勢米作的牛丼，才1000日圓，肉片雖厚但肉質非常軟嫩，醬汁甜美潤口，大推！店內還有忍者牛丼，老闆說是神秘口味，吃了才知道喔！

http://tabelog.com/mie/A2404/A240401/24007519/
伊賀市上野丸之內62-2
營業時間：5:30～18:00 （不提供晚餐）

便宜吃到名貴伊勢牛：ito餐廳

　　大家都知道松阪牛很名貴，但其實戰前松阪牛都是稱作伊勢牛，伊勢牛的軟嫩度很高，但油脂和價格都比松阪牛少。我問伊賀上野的朋友，有沒有可以便宜吃到伊勢牛的方法呢？

　　他推薦這家可以便宜吃到名貴伊勢牛的店，店內最便宜的就是漢堡850日圓，不含醬汁，另加680日圓就可有超大碗的白飯、濃湯、果汁和沙拉，非常超值。這可是當地人最愛的排隊名店，目前還很少外國人知道喔！

伊賀市上野桑町2178（週二休息）
電話：0595-21-0589

伊賀最大商務飯店：Route Inn Grantia和藏之宿

　　這是伊賀上野規模最大的商務旅館，走路十多分鐘就可以到伊賀上野站和忍者博物館，由於就在奈良隔壁，有些關西的團住不到旅館，就會住到這邊。Route Inn的房間格局和APA Hotel差不多，用品質感也不算壞，商旅該有的都有：冰箱、空氣清淨機、消臭噴霧、鬧鐘……浴室清潔度還算不壞，備品頗為簡潔，插座有兩三個，不算少，還有送汽水一小罐。

伊賀市上野丸之內1-131

　　一樓櫃台有文書處理機和免費咖啡可自行取用，還有大浴池（可惜不是溫泉），需要用房卡向一樓櫃台兌換浴池的門卡和浴巾，這樣比較不容易被竊賊偷走門卡，算是不錯的防盜措施。

超市就能買到的三重縣特產

山村牛乳

神都麥酒

松阪牛調理包

伊勢龍蝦仙貝

四日遊行程建議

超輕鬆悠閒版

第一天

從機場抵達三重縣，若時間足夠可逛伊勢神宮及托福橫丁。

第二天

早上逛鳥羽水族館。

下午搭賢島西班牙號或逛伊勢神宮及托福橫丁。

夜宿鳥羽。

第三天

海女小屋及周邊逛逛。

中午搭車至伊賀上野。

下午逛忍者博物館。

夜宿伊賀上野（離奈良很近）。

第四天

逛大阪道頓堀。

從關西機場回台。

五日遊行程建議

深入體驗版

第一天　津市
下午抵達關西國際機場。購買2張近鐵周遊　。
電車：關西機場→難波。電車：難波→津。晚餐在津市餐廳「空麥」。

第二天　湯之山溫泉＆賢島
08:13：湯之山溫泉車站 津駅→近鉄四日市駅→湯の山溫泉駅
（7:12～8:13）。
08:30：片岡溫泉AQUA×IGNIS，享受溫泉後搶先買人氣麵包＆蛋糕　。
　　　　午餐吃片岡溫泉甜點職人麵包坊的三明治。
12:30　離開AQUA×IGNIS。
12:59　湯之山溫泉車站。湯の山溫泉站搭名古屋線→近鉄四日市
　　　　→伊勢市 (12:59→12:55→15:03)。
15:14　近鐵集列車（只在週六日運行）。
　　　　近鉄伊勢市→近鉄賢島（15:14→16:14）。
16:30　賢島西班牙號航行觀光英虞（50分鐘）。
　　　　飯店巴士接送，晚餐在飯店吃海陸大餐。
　　　　夜宿飯店：鳥羽　浜の雅亭一井。

第三天　鳥羽
搭昨晚預約的飯店巴士到石神神社。
08:30：參拜石神神明、逛沿路小賣店。
11:30：抵達 海女小屋，午餐吃海女燒烤。
飯後從海女小屋到鳥羽車站。
下午逛鳥羽水族館。
17:00：後鳥羽車站搭車至宇治山田站。
晚餐吃宇治山田站旁的滿腹食堂。

飯後至伊勢市站。

夜宿伊勢市站旁日之出旅館。

第四天　伊勢

飯店　check out

　　　　早上徒步至伊勢外宮參道上的關谷伊勢吃鮑魚粥早餐。

　　　　飯後徒步逛外宮參拜道。

12:45：勾玉亭 午餐

12:45~14:15：飯後搭巴士前往　伊勢神宮內宮

下午　　參拜內宮、逛厄除橫丁、逛托福橫丁（週二三歇業）

16:10：搭巴士回旅館，借腳踏車至河崎倉庫晃晃

　　　　逛附近超市「牛虎」

　　　　夜宿飯店：日之出旅館

第五天　齋宮＆伊賀

09:12：搭電車從伊勢市　至近鐵齋宮

09:30：齋宮體驗館

10:30：體驗公主十二單

11:29：搭上電車從近鐵齋宮站至松阪11:40

　　　　在松阪車站購買牟太郎便當當午餐

12:06：搭電車至伊賀上野站，車站旁寄放行李

　　　　松阪→伊賀神 →伊賀上野市（12:06→12:43 13:13→13:43）

14:30：忍者秀開場

　　　　參觀忍者博物館、上野城

　　　　晚餐至ito餐廳吃伊勢牛

　　　　飯店 check in　飯店：和藏之宿

註：電車時刻日後也許有變動，請上日本Yahoo「路線」確認最新發車時刻。

從廣島延伸至松山

廣島與四國的松山只有一海之隔，
只要從廣島港搭瀨戶內海渡輪即可抵達松山觀光港。
高速快艇只需一個多小時約 7000 日圓，
較慢速的渡輪也只要花兩個半小時及 3500 日圓即可，
可以當作一次遊兩地的安排選項。

廣島旅遊重點

一、遊兔子島不用進市區，離機場很近。
二、廣島機場往兔子島中途的竹原，是日
　　劇《阿政與愛莉》主人翁的出生地。

交通方式

　　到兔子島的交通並不難，因為廣島機
場旁就有巴士可以前往竹原和兔子島，不
需要進到廣島市區。廣島機場大門外6號
月台就有巴士可以去竹原，這是比從三原
轉車還近（可省約1000日圓）、還便宜
的路線。

前往兔子島（大久野島）的路線

　　廣島機場（門口搭巴士來回2000日
圓）→竹原車站（轉JR吳線來回400日圓
）→忠海站（對面碼頭搭船來回620日圓
）→大久野島（兔子島）

　　廣島機場往竹原的車程大約30分
鐘，單程車資1000日圓，是一台九人座
小巴，巴士司機非常親切，車票跟司機購
買即可。

　　廣島機場往竹原沿途的風景很美，
943覺得有點像新北牡丹雙溪山區。到了
竹原站轉搭往忠海的JR，竹原往忠海JR 電
車。往忠海的電車上都是當地的老人家
和部分遊客，車程大約十多分鐘，來回
票 400日圓。到了忠海站（Tadanoumi）
後，車站對面就是開往兔子島（大久野島
Okunojima）的碼頭，連站牌都是可愛的
小兔子呢！

✈ 一出機場就能玩：廣島

少女心萌發的超可愛兔子島，巷弄內家常味的廣島燒，日劇《阿政與愛莉》主角出生地的竹原老街，一天玩廣島，也能玩得超划算！

被幸福感包圍的兔子島

車站旁的全家超商有賣紅蘿蔔，但是很貴。943強烈建議千萬不要在碼頭旁超商買紅蘿蔔，一定會後悔！因為一小杯紅蘿蔔或一小包鬆散的蔬菜就要100日圓，這種份量幾秒鐘就被兔子搶光了！C/P值要高，就要去後面巷子的超市買整顆萵苣！

從忠海站前大馬路背對車站直走，第二條巷子右轉到底就是幾間超市，同樣是100元日圓卻 可以買到更多的菜去進貢給兔子。小松菜的味道兔子不是很喜歡，建議去裡面買兔子最愛吃的萵苣，冰櫃裡雖然蔬菜很多，但冰的蔬菜兔子吃了可能會拉肚子，可以挑旁邊沒有冰的菜。

超市買一大顆萵苣只要178日圓，可以一直餵一直餵、餵一個小時啊！記得除了買給兔子吃，也要採買一些給人吃的糧食，因為島上消費比較貴，碼頭後方幾家超市的麵包等熟食都頗便宜。

　　至於船票，可在忠海港碼頭的自動販賣機購買，很方便。來回票是大人620日圓，兒童320日圓。坐渡輪大約十來分鐘就到兔子島了，一下船，馬上就會被幾隻肚子餓的兔子團團圍住乞討，散菜童子們只得乖乖拿出菜來進貢，很快就會變成大小兔子搶成一團，毛毛的超可愛啊！

　　由於我買的是高密度的整顆萵苣，所以維持可愛情景的戰力可達一小時。如果只買一小杯紅蘿蔔，幾秒鐘就會彈盡援絕，兔子也不會理你啦！

　　大久野島很小，邊走邊餵走半個小時就可以到休暇村，旁邊有塊大草地，有更多兔子在那邊等著餵食。總之，餵食兔子的一個小時都在非常亢奮的happy狀態，用178日圓買菜錢換超美妙的回憶實在很超值啊！

巷弄內的家常味：由起廣島燒

　　忠海碼頭後方二丁目的巷子有一家廣島燒的小店。廣島燒阿姨很親切，手藝也不錯，炒得火候不差。廣島燒和大阪燒最明顯的差別就是廣島燒有加麵條，各種口味約 400~ 600日圓，很便宜。

日劇《阿政與愛莉》主角出生地：竹原老街

　　從忠海搭電車回竹原，還可以去一個不錯的景點，目前台灣還非常少人知道，距離竹原站不遠，大概腳程十來分鐘，就可以走到竹原老街。從竹原車站旁的觀光案內所就可以拿到免費地圖和簡介。

　　竹原老街是日劇《阿政與愛莉》真實故事主人翁的出生地，老街沒什麼外國觀光客，連日本遊客都不多，也很有原汁原味，沒有滿街都是商店，非常棒！可以看到一百多年歷史的老屋，有些還可以免費參觀。可以親眼目睹日本電視老屋改造節目裡這麼巨大的梁柱，臨場的空間感真的很震撼呢！

　　竹鶴酒造就是《阿政與愛莉》男主角竹鶴政孝（日本威士忌第一人）的老家，現在還在營業呢。告示牌上寫這是日本第一瓶威士忌Nikka

Whisky創辦人竹鶴政孝的出生地，他在一百多年前遠赴英國蘇格蘭深造，並且把威士忌的製造技術引進日本。

　　老街上有個竹原市歷史民俗資料館，免費參觀。裡面陳列許多日本威士忌之父竹鶴政孝和妻子莉塔的書信等史料，有非常多照片可供日劇迷們朝聖。

　　老街還有日本歷史名人賴惟清舊宅、松阪邸、龜田邸等古蹟、日本最早的郵筒……老街盡頭有個紀念品店可以試喝當地的清酒，另一處還有竹子工藝製作的工作室，也可以報名體驗課程。總之，廣島這趟兔子島+竹原老街的一日遊非常超值，花費少、超開心又不觀光，強力推薦給大家！

一日遊行程建議

早上

8:40：廣島機場前往竹原巴士發車

9:10：竹原站

9:39：竹原往忠海電車發車

9:50：抵達忠海站

10:30：忠海港往大久野島渡輪出發

10:42：抵達大久野島（兔子島）

12:45：大久野島往忠海港渡輪出發

12:57：抵達忠海港

中午　吃廣島燒

14:29：忠海站往竹原JR發車

　　　下一班 15:17

14:41：抵達竹原站

　　　逛竹原老街

晚餐　竹原老街

18:15：竹原站往廣島機場發車

18:40：回到廣島機場

時刻表可能會有變動，

請上日本網站確認：

www.jr-odekake.net/

愛媛縣最大城市：松山市

　　日本四國愛媛縣最大的城市松山，非常有古典味的路面電車，943第一晚到松山搭巴士和電車時就覺得當地人好有人情味喔。巴士司機不但幫我下車買車票，我多投了零錢，還找錢給我。走進咖啡店問路，店員們也紛紛幫我用手機查詢餐廳位置。

　　松山市和台灣的松山結為姊妹市，因此松山JR站的大廳也豎立著「松松友好」的告示牌，看到台灣的松山車站標誌出現，讓人有種「他鄉遇故知」的感覺呢！

旅遊重點
一、少爺列車很有味道，可搭少爺列車從松山市到道後溫泉。

二、從道後溫泉回市區可搭普通的古董路面電車，一樣很有復古風。

三、道後溫泉相當值得一遊。

四、松山橘子汁像自來水一樣打開水龍頭就喝！

交通方式

可從岡山搭電車至松山，或搭日本國內線飛抵松山空港。

松山空港至道後溫泉的機場巴士網站：

www.iyotetsu.co.jp/bus/global/cn/airport.html

少爺列車、松山市電車、巴士等時刻表：

www.iyotetsu.co.jp/rosen/

人氣日向飯 「十五萬石」餐廳

　　松山市有什麼特別的食物呢？當然有！松山市的生魚片丼飯，吃法和其他地方都不一樣。

　　材料送上來時看起來很正常，有生魚片、芥末和醬油，就只有一碗蛋黃加醬油。但松山市吃生魚片丼飯的吃法，和台灣人吃火鍋有點類似──先把生蛋黃打到醬油裡攪勻。

　　台灣人是拿火鍋涮肉片後沾蛋黃醬吃，松山市人則是把生魚片放進去充分沾醬，然後再整個澆在白飯上，真是豪邁啊！而芥末醬油是拿來做什麼的呢？原來是用來沾海帶芽的。據說是過去駐紮在此的海軍開始這樣吃，又名「日向飯」，只有松山的人這樣吃喔！到了高知等地就不是這種吃法了。這間餐廳在松山市有名的「大街道」內，是當地的名店之一。

百年古董少爺列車

　　松山市有幾大亮點一定要看，除了松山市電車以外，就是超夯的「少爺列車」啦！可以早上逛松山城，中午以後搭少爺列車去道後溫泉一直到晚上。少爺列車的日本原名是「坊っちゃん列車」(發音：波槳)，是1888年日本第一部輕軌蒸氣列車，也曾在夏目漱石的小說裡出現過，主人翁每天搭這列車去上學，因故得名。這個列車還不只是上去坐坐而已，在松山市站可以看到少爺們用人力和尺測量讓列車掉頭的樣子。車上的少爺在列車行駛時還會充當解說人員，除了收票外，也負責當人形立牌給遊客們拍照，非常親切。

　　車廂內部超復古，坐上來體驗真的很不一樣，行駛的時候契卡契卡的，很有感覺。而且坐這個小火車好招搖，因為街上的人都舉起相機在拍我們呢。火車頭還會鳴笛，車窗很沉重，943推薦體驗這種古董窗戶，體驗古早人搭火車的感覺。

遇見神隱少女：道後溫泉街

　　搭乘少爺列車抵達道後溫泉站後，車站對面就是道後溫泉街。不過943建議先不要急著去逛街，因為右邊還有機械紀念鐘可拍、有「放生園」的免費足湯可以泡，還有案內所可以逛逛和諮詢。道後溫泉的紀念鐘，在台北的松山慈佑宮旁也有一座類似的溫泉機械鐘，就是道後溫泉街姊妹鐘呢。

　　道後溫泉是日本具有三千年歷史的三大古老溫泉之一，館內有很多種等級的票，比較貴的可以在泡完溫泉後到二樓榻榻米休息並享用熱茶和仙貝，甚至還有天皇等級的浴池。最低票價則是410日圓泡完大眾池就自行離開的簡易版。道後溫泉果然是名泉，泡完以後整個血液循環加快，通體舒暢，可以在走廊上稍事休息再泡一次，很值回票價呢！943來訪時正值道後溫泉與日本藝術家蜷川實花合作期間，道後溫泉陽台的紅色和藍色花布就是蜷川實花攝影的圖樣，在藍天的映照下看起來特別鮮豔奪目！2017年秋季起因建物老舊，部分建築整修中。

俯瞰道後溫泉本館的秘密基地：湯神社

　　道後溫泉的紀念鐘後方山上的「湯神社」非常靜謐，沒有什麼遊客，感覺好像《神隱少女》裡的湯婆婆住在這的感覺。943建議爬上湯神社，很值得，因為從這裡往底下看，就可以拍到道後溫泉本館的全貌，從這個角度看起來就更像電影《神隱少女》裡的溫泉了。搭完古董少爺列車再來泡古早溫泉，真是享受啊！

可遠眺松山城的寶莊飯店

　　寶莊飯店的大廳裡有個很特別的松山名物,在松山空港也有模型,那就是「用水龍頭喝橘子原汁」啦!松山產的橘子原汁喝到飽,真的超奢侈的!當地人說寶莊的料理長在道後溫泉的地位很高,晚餐的確很好吃,尤其是甘味煮的魚滷得非常入味,雙人房一泊二食約2~3千元台幣(每人)。

　　寶莊飯店樓上有個露天的足浴池,也是道後溫泉區內唯一可以看到松山城的地方。

 愛媛市松山市2-20

圖片提供:寶莊飯店

一日遊行程建議

中午
吃松山特產生魚片丼飯

下午
搭少爺列車至道後溫泉，
泡免費足湯、湯神社、逛溫泉街
享受道後溫泉

晚上
在道後溫泉街上的飯店住一晚。

Chapter

7

從福岡延伸至湯布院、天草

每次飛福岡都只玩福岡周遭嗎？
其實大分縣的湯布院和熊本縣的天草都是很受日本遊客歡迎的地方，
搭巴士或由布院之森電車可到湯布院，
去天草則是搭有名的 A 列車，都是越來越夯的人氣路線。

✈ 日本女性最嚮往的溫泉街：湯布院

一直聽聞湯布院是日本貴婦的最愛，也是許多日本女性嚮往旅行的地方，943一直很想知道究竟湯布院的魅力在哪。此行結束後，我發現湯布院最美的不只是風景和高雅的商店，還有一群為湯布院未來奮鬥的人。究竟是要稱湯布院還是由布院呢？當地朋友說，其實湯布院是由布溫泉和湯平溫泉的綜合稱呼，以前由布溫泉很少遊客，湯平溫泉比較有名，現在則是兩地聯合起來一起發展旅遊，因為由布院和湯布院的發音都是yufuin，所以就用湯布院來統稱兩地。為什麼隔鄰的城鎮要聯合起來？電視劇中不都是看到自己贏過以前比自己有錢的隔壁村很開心嗎？為什麼還要拉他們一把？

同行的日本溫泉專家和當地人都說：「湯布院是全日本溫泉中最團結一致、最沒有惡性競爭的溫泉區了，在日本可說是絕無僅有。」團結合力，讓一個在二、三十年前乏人問津的窮鄉僻壤，不但打造品牌成日本上流社會女性最嚮往的旅行地點，而且各店家彼此還合作無間而非負面競爭。

湯布院沒有連鎖集團及高樓大廈進駐，只有在地旅館聯合民宿、餐廳、店家、藝術家們攜手並進。943觀察由布院的人們，覺得這裡的人都很懂得生活——飲食要在地有機、吃穿用都講究質感和藝術創新、藝

術節電影節、甚至認為快樂比競爭輸贏重要。難怪不少人說湯布院的磁吸效應吸引不少藝術家前來落腳呢。

旅遊重點

一、全日本最團結的溫泉村，少連鎖商店、獨立店家極
　　有特色。

二、以藝術打造精緻品牌，魅力獨具。

三、自然風景值得體驗。

交通方式

從博多搭巴士約2～3小時可抵達湯布院車站，是最容易
訂到及最經濟的方式。也可搭乘由布院之森列車抵達。

特色精緻小店齊聚：湯之坪街道

　　由布院商店街「湯之坪街道」是湯布院的金字招牌，原因無它，
這裡很少看到什麼星巴克、麥當勞連鎖店，只有非常具有特色的獨立店
舖。逛了湯之坪街道後，943有點理解為什麼很多人熱愛湯布院了。因
為這裡的店幾乎每一家都是很有特色的個性小店，像台北中山捷運站巷
子裡的那種文創小店，而不像一些知名觀光景點的每間店都賣大同小異
的東西，然後因為產品過於類似而只能削價競爭、彼此扯後腿。

　　這讓我想到猶太人和華人開加油站的故事：猶太人看到有人開了加
油站很賺錢，就想説：「那我開餐廳吧！」第三個來的人看到已經有加
油站和餐廳就開超市，地區越來越繁榮。但是華人看到有人開加油站也
跟著開了第二間、第三間，最後陷入惡性競爭而紛紛倒閉。

　　湯布院商家們不模仿彼此而是自己發展獨特的商品，這種模式反而
吸引越來越多的藝術家到湯布院開店，商店街也越來越多客人，難怪大
家都説湯布院是日本唯一異業同業合作無間的溫泉區，我開始好奇他們
究竟是怎麼辦到的。

訂作適合自己手長的筷子：箸屋一膳

　　筷子專賣店「箸屋一膳」及另一間湯匙專門店「匙屋」，都是典型走精緻專業的湯布院店家，例如賣筷子的店有各式各樣適合不同需求的筷子，還有給初學進食的幼兒專用餐具，十分專業。賣湯匙或醬油或蜂蜜的店是發展自己的專長，推出各種細節不同的商品，而不是看到別人賣筷子也跟著賣筷子、看到別人賣湯匙自己也跟著賣湯匙，每一家店都賣大同小異且品質粗製濫造的東西，最後為了贏過別人而削價競爭甚至酸言酸語攻擊同行，職場上的人們應該都來看看湯布院是怎麼發展正面良性競爭的。

> 🏠　大分縣由布市湯布院町川上2093－2

有九份氛圍的湯平溫泉

　　湯布院除了由布院溫泉以外，湯平溫泉也是結合當地藝術家努力的結晶，他們把這條從江戶時代遺留下來的石板路佈置得很美麗。偶然間有些九份的感覺，不過遊客並不多也不吵雜，非常靜謐。

　　若到湯平溫泉可在湯平溫泉案內所旁的這間「嬉し乃」食堂用餐，由布院的巴士在這邊有一站，站名就是「嬉し乃食堂前」。香魚（魚占）甘味煮好吃超像好吃的紅燒鰻，只要540日圓。

日本名水百選健行：男池

　　雖然湯布院以超好逛的商業街聞名，但也擁有非常美麗的大自然，男池就是當地的山「男岳」的一個非常清澈的池子，也是榮獲日本環境廳選定的「日本名水百選」之一的知名湧泉，是阿蘇野川的源流之一。湖水藍得十分美麗的男池，池水深度2公尺，竟然清澈可見底，映照出神秘的藍色。一日可湧出2萬噸的泉水，泉水十分甘甜。

　　原本以為日本的森林不就類似台灣的杉林溪嗎？但是日本高山的針葉林真的好像歐洲啊！同行的歐洲友人說她也感覺好像回到歐洲，尤其是紅葉黃葉映照，更是美極了。只飛三個小時就可以在超級乾淨的針葉林裡呼吸，真是奢侈啊！

隱藏可愛咖啡店的artegio美術館

　　943強烈建議一定要逛逛不生庵蕎麥麵附近的artegio美術館，就算不喜歡藝術也可以免費逛逛。因為設計很令人驚豔。一進artegio美術館，就看到右手邊透明的總譜裝置藝術，看著總譜哼著第一段旋律，咦？是莫札特的交響曲嘛！美術館裡的販賣區還有超級大人氣的B-Speak姊妹品牌作——theomurata巧克力專賣店。這裡有各種巧克力，包括大分縣柚子巧克力、茶香巧克力、柑橘巧克力……等等，非常鮮美好吃。美術館中還有一家設計得十分典雅簡約的咖啡店the theo呢。原木搭配玻璃手繪是很棒的清爽樣式，庭院中的雕塑也令人賞心悅目，重點是飲料和點心的價格都不高，高貴不貴。

 大分縣由布院溫泉川上1272-175

金麟湖畔的水中鳥居：天祖神社

　　想拍楓紅片片的金麟湖，金麟湖畔天祖神社的水中鳥居是最佳模特兒了，或是到湖畔的 Cafe La Ruche歇歇。秋天尤其美，霧氣瀰漫湖畔映襯著紅黃綠葉的樹影，相映成趣，咖啡等飲料也才400多圓日幣，並非天價。若點紅茶的話，茶壺還有英式的小布套呢！

文青超愛的爵士鋼琴羊羹：CREEKS

　　湯布院還有一項文藝青年最愛的名物——CREEKS的爵士羊羹（鋼琴羊羹）。創作者谷川先生就是從福岡被吸引搬到湯布院創業的音樂藝術家，他的店每一種小物都超級卡哇伊又精緻，年輕女孩子都很愛這樣的文創小物。谷川先生說會把鋼琴做成羊羹是因為若做成蛋糕就很容易被模仿，但很少人會做羊羹，造型又很特別，因此也非常受歡迎。

 大分縣由布市湯布院町川上3009-6

名家美食：湯之岳庵

　　943心目中湯布院好吃第一名的餐廳——龜之井別莊旗下的湯之岳庵，就在金麟湖畔。光看入口豪邁的書法，就覺得是非常講究的店。炸鯉魚片、蒸芋頭都還不錯，當地鮮蔬拌豆腐竟然超級調和好吃，還有烤湯布院出產的香菇，吃法是將香菇倒置在烤爐上，等皺摺面開始滲出一滴滴的小水珠後就馬上取下，擠少許檸檬汁吃掉香菇梗以外的部分，再將香菇梗撕開放回去慢慢烤熟，可以吃到香菇的鮮味。

　　軍雞鍋也是一絕，軍雞就是鬥雞，雞肉非常鮮嫩，雞湯更是一絕，鮮而不膩。喝了兩碗還覺得不夠呢。和牛也超級好吃，口感絕佳。如果不想吃太貴的晚餐，龜之井別莊的湯之岳庵也有很便宜的午間套餐，1500日圓起跳。可在逛金麟湖時前來。

 大分縣由布市湯布院町川
上3009-6

專業蕎麥麵：Murata不生庵

　　從金麟湖往山上走，可以看到有湯布院「御三家」之一的山莊無量塔旗下非常精緻的餐館、咖啡店和美術館。無量塔旗下的B-Speak蛋糕卷，是許多日本貴婦們到湯布院旅行時排隊搶購的名物。

　　「由布院御三家」就是由布院地位最崇高的三家日式旅館——無量塔、龜之井、玉之湯。無量塔旗下的「不生庵」蕎麥麵店很專業的使用了信州蕎麥與由布院泉水，手工打造的手打蕎麥麵，還有蕎麥麵比較少見的叉燒。這叉燒真是入口即化啊！比很多台灣的豬肉料理都還好吃呢。

 大分縣由布市湯布院町川上1266-18

美食界大師的店：山椒郎

　　第二天當地朋友帶我們去吃這家被在地人稱為飲食界大師的新江憲一的店「山椒郎」，新江憲一先生也曾是日本超豪華列車JR九州七星的總監，這裡的晚餐是崇尚健康的有錢貴婦最愛。我們吃並不貴的午餐，預算大約只要2000~3000日圓。盛裝午餐的木盒子裡充滿五顏六色的蔬菜都是由布院在地的蔬果，以清淡的方式呈現食物原始的美味，在tabelog上可是擁有3.55分的高評價。還可以在美麗的稻田中享受午餐，真是連周邊的氛圍都是來自大自然的上等享受啊。

　　為什麼這些蔬果煮熟之後顏色依舊那麼鮮豔、口感那麼好吃？原來並不是把所有材料全部拿去一起處理，而是依據食材特性逐一花功夫，例如牛蒡就要先用快鍋煮。山椒郎也不用冰箱，再加上在地直送的蔬果，食物的美味流失不多。其實人工加味食物並不難，但是烹調如何保存自然的原味卻是一門學問。新江憲一先生還把湯布院的大廚集合起來，讓湯布院的許多高級餐館或民宿也都可以吃到這種講求在地、原味精神的美食，實在很不簡單啊！

 湯布院町川上2850-5

與花同住的溫泉民宿：flora house

　　喜歡花的人一定會愛上這間民宿，這是結合了花卉溫室和溫泉的民宿，有花開滿院的景色可以欣賞，主人們很和氣。住宿費用也不貴，兩人入住的話每人含稅5550日圓，單人入住是一人6630日圓，換算成台幣也才1千出頭，貴婦路線的湯布院並非每間都貴森森啊！

　　民宿裡有個人湯屋，由布院的溫泉屬於單純性溫泉，泡完之後皮膚會很光滑。flora house的優點之一是竟然有輪椅電梯！也可以帶長輩來住。有挑高的家庭六人房，其他也有雙人房，和式和洋式都有，房內都有洗手間，洗澡則是在上述的湯屋洗。

　　flora house的晚餐是「溫泉蒸籠料理」，這餐也是許多同行夥伴們認為最好吃的一餐。晚餐很簡單，就是用溫泉水蒸煮在蒸籠裡的自家種無毒蔬菜，搭配非常清香的醋，可以吃出食物本身的甜味。想要品嚐清淡鮮美蔬菜的溫泉蒸籠料理也可以考慮在這吃晚餐。

 大分縣由布市湯布院町大字川南71-1

手腳並用超有趣的織布體驗

若問943在湯布院體驗最有意思的活動是什麼？我一定把票投給flora house的織布體驗，因為真是太有趣啦！手、腳、腦都很忙碌啊！原本以為要花兩個鐘頭才能完成，不過最後竟然只花半個小時就織好了。

原來步驟是雙手將梭子穿過直線之後，用腳踏切換讓絲線交織，接著再手拉橫檔讓絲線靠攏。

如果抓不住訣竅，可以用「梭、踏、拉」的口訣，就做得很快了。中間自由加入彩色的絲線，最後再將黑色底線逐一打結，就大功告成啦！織布體驗是1500日圓，換算台幣大約400元左右，並不貴，還可以擁有一條自己做的餐墊呢！

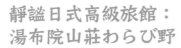

靜謐日式高級旅館：
湯布院山莊わらび野

非常靜謐優雅的高級日式溫泉旅館，在tripadvisor上擁有4.5/5分的高評價，非常安靜，預算足夠的人可以考慮住這。

行李會有專人事先放置在房間內，進門後不久也會有專人送上熱茶水及點心，之後再收走。晚飯後回房間，床墊當然也已經鋪好了。還有會自動掀蓋的免治馬桶，這個應該是5星級日式旅館必備的了。

它的餐具都像藝術品一樣細緻，古董家具也好美，秋日的庭院特別多彩美麗，窗外的綠意搭配牆上的古董鐘，畫面真像凝結一世紀的美麗。

 大分縣由布市湯布院町川北952

三日遊行程建議

第一天

* 小資族可住flora house，離車站一公里內。放好行李後，可從由布院車站一路散步到商店街「湯之坪街道」，再到終點附近的金麟湖，湖畔有咖啡店可以喝咖啡或在天祖神社拍水上鳥居。
* 記得逛一下金麟湖旁的爵士羊羹店CREEKS（或湯之坪街道巷內也有一家）
* 若要吃午餐可以在湖邊的龜之井山莊的湯之岳庵吃午間套餐，用2星價格吃5星餐廳的料理。
* 晚餐可在由布院站前不遠的龍庵居酒屋打發，也是不貴。

第二天

* 租借腳踏車，可以往南騎到加勢之湯，上山看看大杉，或到宇奈歧日女神社，往東騎到箸屋一膳學做筷子，或在flora house學習織布體驗。
* 或在大分川散步，本篇開頭那條開滿小花的河就是大分川的御幸橋至城橋之間。超美，無料。
* 騎車去山椒郎吃午餐、晚餐在 flora house吃溫泉蒸籠料理。

第三天

* 搭計程車（起跳約600 日圓）往東北上山到無量塔山莊的美術館、咖啡店，午餐吃不生庵的蕎麥麵，午茶在the theo喝杯不貴卻氣氛超好的咖啡和B-Speak同集團的姊妹作。
* 附近也有一些博物館等。自駕者有時間的話可去男池健行呼吸芬多精。
* 晚餐可走下山一路散步到湯之坪街道找間小店用餐。
* 小叮嚀，湯布院海拔約450公尺，秋冬較冷，要準備至少東京程度的衣物。冬天降雪機率較高，不想飛到北海道看雪的話，過年到九州的湯布院就有機會看到雪了。

天草旅遊重點

一、海鮮超好吃，海水清澈乾淨無污染，
　　種類繁多又不貴，是日本吃海產的天
　　堂。

二、欣賞少數有西洋異教風情的日本。

三、崎津集落很有感覺，將被列為世界文
　　化遺產。

四、處處有溫泉，松島溫泉、下田溫泉、
　　本渡溫泉，每天都要泡溫泉。

五、鬼海ヶ浦很美，看夕陽更好。

六、和牛非常美味。

交通方式

　　機場交通：從福岡機場搭車至博多，
觀光路線可搭新幹線到熊本，再轉火車到
三角港，從三角港搭船到松島港。或直接
從熊本搭巴士抵達天草。

從熊本到天草的九州產交巴士，車程約2
個小時左右：

http://www.kyusanko.co.jp/sankobus/
ama_fridet/goto/

天草觀光巴士有3種路線，可上網研究
「天草島旅」巴士：

http://www.t-island.jp/bus
銜接本渡、富岡、諏訪神社等上天草地區
的巴士資訊：

http://www.kyusanko.co.jp/sankobus/
routemap/pdf/amakusa/amakusa_
A4.pdf

　　連結九州本島的「三角」與天草的
「松島」或「本渡」的天草寶島Line渡
輪，有室外艙和室內艙，室內艙有冷氣也
比較不怕曬，但是日本人都喜歡坐外面看
風景。搭渡輪就是要欣賞穿過天草五橋的
松島美麗航路，如果不想轉車很多次，其
實從熊本也有巴士直達天草，車程大約
1~2小時而已。搭A列車和搭船主要是風
景美麗，其實到天草並不需要轉很多交通
工具。

九州的小琉球：天草

　　九州的天草，對日本人而言有點像是澎湖那樣「海鮮超新鮮」的地方，對許多台灣人而言則仍舊是個陌生之地。以前943也是只在《金田一事件簿》看到天草這個地名。天草分為上天草市.天草市兩大島嶼，和九州的陸地並不相連，位在九州的西南方，屬於熊本縣。

　　天草的海鮮非常多樣又新鮮，夕照十分美麗，再加上熊本熊部長的魅力，若不想在知名觀光景點人擠人，來天草就對了。

可愛又好拍的三角驛車站

非常可愛的「三角驛」車站，到處都是三角形，記得要拍照喔！三角站原來是因為景行天皇巡視過後取的名字。三角港同時也是大河劇「坂上之雲」的拍攝場景之一喔。

有專屬進站主題曲的A列車

不少鐵道迷到熊本指定要搭假日限定的超酷觀光火車「A列車」，因為車廂十分經典，是日本鐵道設計師水戶岡銳治所設計的，內裝非常有古典的小花風格。

由於有一首爵士樂的曲名也叫「A列車」，所以列車進站前的月台和車廂上都會播放〈A Train〉這首歌曲。進站前還有車掌小姐在月台上敬禮迎接呢。

另一說取名叫A列車是因為天草Amakusa的A開頭。要訂A列車的票可以上九州的JR網站去訂，只有假日才有開，一天兩班，不是說搭就可以搭到的呢。

A列車和天草寶島Line渡輪時刻表：

http://www.seacruise.jp/teiki/jikoku/index.html
A列車的JR+船套票價格
1.福岡市內→天草松島，大人8900日圓
2.福岡市內→天草本渡，大人10100日圓
以上1~2是新幹線自由席+普通列車+船，若要搭A列車就要加付特急指定券1130日圓
3.熊本→天草松島，大人2840日圓
4.熊本→天草本渡，大人4220日圓
3~4是普通列車+船的套票。

珍珠故鄉的松島夕照

　　天草松島的夕陽是全日本有名的，松島最多日本人觀賞夕陽的點就是Lisola Terrace，此處有咖啡和特產中心，設計感不錯，可以坐坐。日本人都坐在戶外區等著欣賞夕陽，943建議先看松島的夕陽，再去下田溫泉那邊看，倒吃甘蔗。整趟天草幾天走下來都沒遇到日本人以外的觀光客，也比較沒有商業氣息，真是不錯。

可見率高達98%：搭船賞海豚

　　雖然不少人可能已經在宜蘭和花蓮出海看過海豚，不過天草的海豚是南半道海豚，似乎和台灣賞豚的品種不一樣。搭賞豚船處是看夕日的松島港，海豚的日文是イルカ，原來這邊看到海豚的機率超高是因為自古漁師就沒有用漁網濫捕，所以才能細水長流賺觀光財啊！

　　售票處有免費咖啡可以喝，雖然船上有洗手間，不過還是別喝太多比較好，一小杯就可以了。

　　這船和天草寶島line是同一公司，服務都不錯，上下船時都會有服務人員在旁邊提醒小心間隙，日本人就是很周到啊。船程2小時，票價是大人4500 日圓，中學生3500，小學生2500，幼兒1500 日圓，943建議一開始先坐室內艙比較不會被風吹，一樣看得到海岸美景，等到外面傳來看到海豚的歡呼聲再出來看即可，尤其冬天比較不會感冒喔。船上有洗手間，很乾淨。不少日本家庭帶小孩來看海豚呢。

　　天草能看到海豚的機率高達98%，943出海這天天氣有點陰陰的，浪不大，不會很晃，開了一個多小時都還沒看到海豚。船長很認真的一直把船開到新的地點嘗試但是一直沒有看到海豚的蹤影，原本我們都已經放棄了，還互相安慰：「原來我們就是那超級幸運的2%啊」，正開始回航時。沒想到就聽到一堆人的歡呼，原來是海豚出現啦！而且喜歡熱鬧的海豚還跟著我們的船一直跳躍出水面和人類打招呼呢！大夥兒都好興奮，總算是心願滿足了。海豚還會同時好幾隻一起跳出水面，真的很愛玩呢！

海豚遊艇時刻表＆路線圖
http://www.seacruise.jp/cruise/dcruise/index.html

花小錢也能吃到超讚和牛：田中畜產和牛燒烤

　　田中畜產這間店是牧場直營的，所以可以吃到很新鮮的和牛，光看美麗的油花就垂涎三尺了，餐廳是古蹟改建的，很有古樸風。日本有名的三重縣松阪牛的種牛就是從天草過去的，其實天草的和牛也很好吃哩！油花口感超好，卻一點也不油膩，非常軟嫩，沾鹽吃就超讚的了。吃到飽3900 日圓，含高麗菜絲沙拉吧、白飯、咖哩牛肉、甜點、飲料…… 都是自取吃到飽，特定部位的分量如上圖，但是內臟可以任意加點，牛腸好有嚼勁好Q，其實才加點一份內臟就超級飽的了。

　　當地朋友說這間是天草最好吃、也最超值的和牛了，我查詢tabelog上也顯示這家天草燒肉店排名第一，還有不少日本各地的宅配訂單，離機場約一公里，經過本渡或最後要搭機離開天草前可以順便來吃和牛。

本渡往天草機場巴士：
http://www.kyusanko.co.jp/sankobus/shuttle_amakusa/

日本百大名城之一的富岡城跡

　　天草的西北方的富岡城遺跡是在「島原之亂」中被起義軍攻陷，起義的原因是當時的藩主壓榨天草民眾，在天草非常有名的天草四郎就是起義的首領之一。走到山上的古城遺跡不須費什麼力氣，稍微走幾分鐘就可以上去俯瞰附近的海域，非常美麗。站在城牆旁邊可以俯瞰富岡半島東邊的沙洲。城堡上方有富岡遊客中心可參觀該地的歷史地理人文等資料，

極美海岸：鬼海ヶ浦

　　建議來下田溫泉一定要到鬼海ヶ浦欣賞落日，這裡的海水藍得不輸台灣啊！也是當地人自豪天草最美麗的景點，就在下田溫泉附近，到下田溫泉，如果能在這裡看夕陽是最棒的了。

「五足之湯」免費足湯

下田溫泉鎮上有個可以免費泡腳的足湯,「五足之湯」就在天草觀光案內所對面,943建議結束一天的旅程後來這邊泡腳,比貼休足時間還有效。請教過當地人,傍晚不會有很多蚊子,不過還是要準備一下防蚊液,以備萬一喔。此足湯源頭的溫度是50多度,所以是完全沒有加水稀釋的,是濃度100%的溫泉喔!泡完之後感覺皮膚好光滑呢!

五足之湯的典故來自《五足の靴》這本書,紀念1907年五位詩人到天草下田的溫泉之旅,相傳700年前,曾有一隻受傷的白鶴在此泉水療傷,居民因而發現這個溫泉的療效。五足之湯非常寬敞舒適,可以自備毛巾,但是943提醒大家:這邊看不到海也看不到夕陽喔。

 開放時間: 3~10月早上9點~晚上10點,
11月~2月是每天早上9點~晚上9點。
禁止飲食。

泡松島溫泉賞日落：華椿龜屋Hotel

　　旅館有免費接駁車到三角港及其他地方，可以上網查詢時刻表，多加利用。雖然天草的旅館大多只有大廳有wifi，但速度不差。最好自備wifi上網分享器或sim卡。這家旅館距離7-11有一小段距離，四周非常安靜。房間內有送天草特產的小點心（車海老煎餅很優）。亮點是早餐竟然有生魚片，查tripadvisor上含早餐的和室雙人房每人最低7000 日圓，大約台幣1700元。

　　天草的生魚片都好新鮮啊，無論哪一種魚吃起來都好好吃，在天草的這幾天，還沒吃到不太好吃的呢，天草果然是以海鮮聞名的地方啊！親切的服務人員幫我們料理非常新鮮的蝦子，肉質很有彈性也很甜，尤其醬油甜章魚超級好吃，天草的口味偏甜，生吃好吃，火烤更好吃，口感很Q，超讚！松島溫泉和天草的溫泉一樣都是鹽性泉，對皮膚病、肌肉酸痛、慢性婦人病等有效。泡完之後真的旅行的疲憊都沒了。

熊本縣上天草市大矢野町中4463-2

天皇住過的下田溫泉住宿：望洋閣

　　下田溫泉位在海邊的住宿並不多，望洋閣是少數的一間，也難怪昭和天皇巡視時要下榻這間飯店了！大廳中還陳列著昭和天皇巡幸時所用的寢具。一進飯店大廳又看到盡責的熊本熊部長告知本日觀賞夕陽最佳時間，訂房網站上望洋閣最便宜一間雙人和室一晚共約5千元台幣，等於一個人只要2千多元含早餐，可跑到4F的天台看夕陽，好多日本老夫婦都坐在那兒喝咖啡。望洋閣前方是個港口，所以會有一些消波塊，建議看落日還是鬼海ヶ浦那邊最美啦！

熊本縣天草市天草町下田北1201

　　飯店裡的大眾池有好幾個湯，還有免費的冰溫泉水可以喝，但露天浴池看不到夕陽，要一邊泡水一邊欣賞落日就要到一樓外面的游泳池。每年8月下旬~12月是龍蝦季，可訂龍蝦套餐；每年9~11月份是鮑魚季，12~3月份則是河豚季，晚餐的炸海豚吃起來有點近似雞肉，肉質鮮美。天草這邊點的海鮮很多都是活的，真的很新鮮，肉質很厚又Q。天草之於日本，就像澎湖之於台灣，海產新鮮又不貴，生魚片非常甜美。

足球之星中田英壽造訪過的壽芳窯

　　天草除了海鮮超讚以外，另一項稱霸全日本的特產就是陶瓷，日本一半以上的陶土產量都是從天草出來的，品質也是第一。例如日本知名的「有田燒」的陶土來源之一就是天草的磁石，在這裡可以買到品質不錯卻又不貴的日本瓷器。水草的花紋是天草特有的圖案，大概因為看起來像海草吧！很有藝術感，就連知名的日本職業足球明星中田英壽都來高濱燒體驗過燒陶啊。

熊本縣天草市天草町高浜南598

名列世界遺產：大江天主堂

　　日本人對天草的印象除了「海鮮很好吃」以外，另一個印象就是「基督教」，因為16世紀外國傳教士到天草宣教，許多當地人改信基督教，和長崎一樣，天草的西洋教堂是一大特色。

　　圖中的照片可不是歐洲，而是天草的大江天主堂。

　　除了橫濱、長崎這些日本最有西洋風情的地方以外，天草也是早年因西方傳教士而擁有不少歐式教堂建築，大江天主堂需要門票，裡面無法攝影。但我們發現這個天主堂內部陳設卻和歐洲的天主堂不太一樣，因為天主堂大多是敬拜聖母瑪利亞，印象中很少出現耶穌。但大江天主堂和稍後前往的崎津天主堂的祭台和牆上裝飾卻都是以耶穌為主角，而非只有聖母一人。

　　詢問當地朋友才知道，原來16世紀西洋傳教士抵達日本時，是宣揚當時和天主教分別尚不明顯的基督教。所以在日本，基督教和天主教的分別就沒有台灣這麼明顯，原來是這樣啊！

　　天草朋友說當地教堂的神父很多都在大學裡教英文，有次他們的朋友在教堂結婚，赫然發現幫自己證婚的神父竟然是大學時代的英文老師，這也是有意思的小地方呢。

 大江天主堂與其他天草基督教景點的巴士資訊：
www.kyusanko.co.jp/sankobus/ama_fridet/watch/

身歷其境的基督教博物館：キリシタン資料館

　　門票大人要收300日圓，博物館裡面也是不能攝影，不過有一些有趣的陳設，例如介紹天草四郎，在天草民眾受到藩主重稅壓榨而喘不過氣來時，領導天草民眾起義，也就是所謂的「島原之亂」，被當地民眾視為救世主，他那時才年僅16歲，雖然最後起義失敗，但天草四郎也成了天草的象徵性人物。

　　島原之亂後，原本就不太歡迎西洋傳教士的幕府當局就更容不下基督教了，天草的基督教和天主教徒為了躲過宗教迫害，將觀音像做成「瑪利亞觀音」，抱子觀音像其實就是聖母瑪利亞，江戶時代有些甚至還在衣櫥內設置秘密樓梯通往夾層，讓民眾在隱密的暗室中祈禱、敬拜十字架（這個隱匿祈禱室可以在崎津的下田珈琲樓上看到），還有親人過世時，表面上是改信日本教，但虔誠的基督教徒會用特製的「消經之壺」來消去念佛的法力，當時為了躲避賞金緝拿，十字架被設計在隱藏在一般器具中，例如加藤清正的塑像後方就偷偷藏了一個十字。

　　如果有看日劇《黑田官兵衛》就知道，豐臣秀吉後來禁止基督教，黑田官兵衛也改回信佛教，有些教徒則是在迫害下殉教了。

 熊本縣天草市船之尾町19-52

天草ロザリオ館

　　如果對島原之亂的軍事部分有興趣，可以到另一間天草的天草キリシタン館參觀，有非常詳細的展示。

🏠　熊本縣天草市船之尾町19-52

名列世界文化遺產的崎津小鎮

　　943非常推薦在崎津這個小漁村中隨意走走，非常有味道而且觀光客還不多，經常有不經意發現的小驚喜，這間是可以免費參觀的當地民居，可以參觀當時典型的日式老屋。天草這裡的海水非常乾淨，海岸旁的海水清澈見底也就算了，水底的一點一點黑影竟然都是海膽啊！天哪，如果台灣的海岸沒有被污染的話，原本也應該是這樣吧？海膽隨手可拾，爬上崎津集落半山腰的神社往下俯瞰整個村子，神社鳥居和教堂尖塔並陳的風景非常有意思。

　　據説崎津集落即將被列入世界文化遺產的原因之一就是下圖這個宗教和諧共存的取景角度啊。

　　崎津集落的居民基督教、佛教各半，如果門口有掛注連繩，就是佛教徒，但也有像下田咖啡這樣的基督徒，「下田珈琲」招牌中的「田」字，藏著一個十字架。禁教時期的基督徒就是用這些隱晦的方式繼續堅持他們的信仰。

在榻榻米上做禮拜：崎津天主堂

　　崎津天主堂和大江天主堂一樣都是免費參觀，內部很有趣，竟然是榻榻米式的教堂，不過禮拜時還是會在榻榻米上放椅子，太有意思了。可惜內部不能攝影，但是外觀可盡情拍照。

文藝名人造訪過的海月和食店

　　逛小鎮逛得肚子超餓，午餐當然要在這間當地最有特色的小店吃午餐「海月」，非常復古風，很有文藝氣息的小店。海月的老闆很專心的在做握壽司。午餐是非常新鮮的壽司，含味噌湯、甜點（例如紅酒鳳梨）等套餐是1980日圓。牆上掛滿名人的簽名，其中包括一個熟悉的名字，倉本聰？不就是《來自北國》和《拜啟父上樣》的編劇家倉本聰嗎？943好喜歡他的作品哪！沒想到能與知名編劇家造訪同一小店呢。

🏠　熊本縣天草市河浦町崎津545

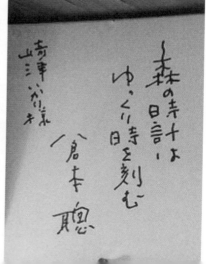

日本政府指定重要文化財：祇園橋

　　日本政府指定重要文化財祇園橋，這座不是京都那個祇園橋，而是令人發思古之幽情的石橋啊。這座橋是日本現存最大的「多腳式」石造桁橋，已經被日本政府列為「國家指定重要文化財」，從另一個角度看，連同諏訪神社一起，也很有古味。踏上石橋，縫隙不小，可是當地的狗狗都習以為常的走過去了。

　　雖說這座橋看起來很不穩，好像隨時都要倒掉似的，可是這座橋前陣子才淹大水，在黃流滾滾中也沒損壞，真是太神奇了。過橋可逛逛旁邊的諏訪神社，告示牌上指的神木可惜已經腐朽了，據說島原之亂時，祇園橋這裡是死傷無數的激烈戰場，願這些靈魂安息。

　　從神社往下俯瞰祇園橋，再加上閒散的午後陽光，很有一種歲月沉澱的感覺呢。石刻還有當時的痕跡，建造年代「天保三年」(1832年)的刻字在歲月的流逝下已然模糊了。

早餐就有生魚片的ホテル アレグリアガーデンズ 天草（本渡Alequia Gardens）

　　此間高級度假溫泉旅館的房間超大，還有玄關哩，大概十來坪。女士們入住會很開心，因為這裡有提供整罐免費的卸妝油、洗面乳和身體乳液！還有少數溫泉旅館會貼心準備的衛生鞋墊。

　　這家飯店大抵上不錯，但是溫泉不在同一棟建築內，而是要從戶外大約走個1~2分鐘，提醒大家冬天晚上若要經過戶外去泡溫泉，衣服可要穿夠，也不要在剛泡完溫泉後吹到冷風，容易感冒喔！早餐也有生魚片，943在天草住3間飯店就有2間的早餐有生魚片，真是少見的奢華啊！

　　熊本縣天草市本渡町広瀬996

全日本最迷你的航空：天草航空

　　離開天草時如果想直接搭飛機飛回福岡，可以到非常迷你的天草空港，小小的空間就是機場大廳了。天草機場只有一家航空公司，也就是全日本最迷你的航空公司——天草航空。也因此走非常親切的路線。機上大約36個位子左右，只有一位空服員，但機上還是有毛毯服務的喔。

　　天草往福岡一天三班，航程只需要35分鐘，平日票單程含稅約3千多元台幣，提早訂票另有優惠，行李限重45公斤，還有飛往熊本市及大阪的班機。

　　天草航空的機身是有名的可愛，是海豚母子的彩繪。天草航空的飛機就像天草特產——海豚，機身是海豚媽媽，螺旋槳是海豚小孩，如果運氣好，就可以坐在有隱藏版熊本熊的窗戶旁邊啦！

四日遊行程建議

第一天

從福岡經熊本到天草

第二天下午

14:20~15:00：天草橄欖園 （若想買當地出產的橄欖油）

15:40~16:30：富岡城跡＆富岡遊客中心

17:10~17:30：「五足之湯」泡足湯
　　　　　　　到五足之湯對面的案內所拿熊本熊明信片

17:45~18:00：鬼海ヶ浦看落日
　　　　　　　（需上網查詢當地日落時間，在日落前抵達觀賞）

夜宿下田溫泉

第三天

8:00：從下田溫泉出發

8:45~9:20：高濱燒壽芳窯

9:40~10:30：大江天主堂

10:50~13:00：崎津天主堂（午餐：海月壽司）

14:00~15:00：血拚時間：AEON天草店等周邊數個電器＆藥妝店大賣場

15:30~16:15：祇園橋＆諏訪神社

16:30~17:15：天草基督教博物館（若對當地基督教歷史有興趣者）

17:30：夜宿本渡溫泉

第四天

7:15：從本渡出發

7:30：抵達天草機場

8:00~8:35：天草航空 天草——福岡 AMX101

以下玩福岡/博多

二日遊行程建議

第一天

福岡博多站→熊本，九州新幹線 Sakura 553號，13:36~14:14

熊本→三角站，A列車5號，14:37~15:17

三角港（三角站對面）→松島港，天草寶島Line渡輪，15:53~16:10

海中水族館/真珠中心/看夕陽

夜宿松島溫泉之旅館

第二天

飯店→松島港 搭賞海豚船 10:00發船，12:00下船

田中畜產午餐燒肉 13:00

＊若自行租車駕駛則可在第二天早上加去千巖山爬一個需時僅7分鐘的步道，
　俯瞰松島地區、天草五橋美景。

國家圖書館出版品預行編目資料

跟著 943 超值玩日本 / 943 著.
--初版.--臺北市：平裝本，2017.11
面；公分.--（平裝本叢書；第 0455 種）
(iDO；90)
ISBN 978-986-95699-1-0（平裝）
1. 旅遊 2. 日本

731.9   106020370

平裝本叢書第 0455 種

iDO 90

跟著 943 超值玩日本

作　　　者—943
發 行 人—平雲
出版發行—平裝本出版有限公司
　　　　　台北市敦化北路 120 巷 50 號
　　　　　電話◎ 02-2716-8888
　　　　　郵撥帳號◎ 18999606 號
　　　　　皇冠出版社（香港）有限公司
　　　　　香港上環文咸東街 50 號寶恒商業中心
　　　　　23 樓 2301-3 室
　　　　　電話◎ 2529-1778　傳真◎ 2527-0904
總 編 輯—龔橞甄
責任編輯—平　靜
美術設計—陳孟琪
著作完成日期— 2017 年
初版一刷日期— 2017 年 11 月

● 皇冠讀樂網：www.crown.com.tw
● 皇冠Facebook：www.facebook.com/crownbook
● 皇冠Instagram：www.instagram.com/crownbook1954
● 小王子的編輯夢：crownbook.pixnet.net/blog